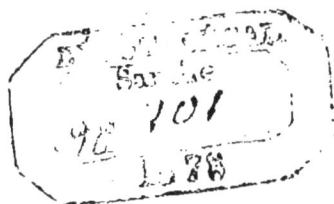 

ÉLISE

Il est des personnes que nous
ensevelissons dans la terre, mais
il en est de plus particulièrement
chéries qui ont eu notre cœur
pour linceul, dont le souvenir se
mêle chaque jour à nos palpitations, nous pensons à elles comme
nous respirons.... Elles sont en
nous par la divine Loi d'une mé-
tempsycose propre à l'amour.

DE BALZAC.

A NOS LECTEURS

———

Dans certains pays, quand la mort est venue frapper des êtres chéris, il est d'usage d'envoyer aux amis de la famille, des images commémoratives sur lesquelles de consolants versets des Saintes Écritures s'unissent au nom et à la date funèbre : ce pieux Mémento n'a pu suffire à notre affection et c'est pourquoi nous offrons aujourd'hui à tous ceux qui ont été en relation avec notre amie, ces pages écrites sur des souvenirs communs, pages dont le seul mérite est l'émotion unie à la sincérité.

A ÉLISABETH

Il est des souvenirs qui protégent : puisse celui que nous évoquons ici pour toi, ma petite-fille, embaumer ton berceau et surtout plus tard éclairer ta vie!

Puisse cette tante qui t'eût tant aimée et dont tu portes le nom vénéré, t'obtenir de Dieu sa foi si pure, son esprit si élevé et son cœur si aimant!

ÉLISE

—◆—

PREMIÈRE PARTIE

ESQUISSE DE LA VIE.

———

I

> Celui-là est heureux qui peut,
> comme Énée sauvant ses dieux
> des flammes de Troie, emporter
> son passé dans les bras, à travers
> les ruines de sa destinée.
>
> E. SOUVESTRE.

« Vimoutiers, dit la *Géographie du dépar-
tement de l'Orne*, est une jolie petite ville
entourée de collines verdoyantes. » L'auteur
aurait pu ajouter que, sur ces collines, s'étagent
et s'alignent de tous côtés nombre de pommiers

qui lui font en mai et en juin une ravissante et odorante ceinture. Et le voyageur, cheminant aux heures matinales sur les routes qui forment les artères de la petite ville, respire avec délices le parfum léger et suave que l'air enlève aux pétales blancs et roses, quand il ne les enlève pas eux-mêmes pour les faire tourbillonner sous son souffle capricieux, puis, ensuite, les laisser retomber dédaigneusement sur le sol qu'ils embaument et parent en mourant.

Sur une de ces routes qui descendent en ville, et qui est maintenant à peu près abandonnée par les voitures à cause de sa pente trop rapide, se trouve, au bas de la côte, un groupe de maisons la plupart en bois : c'est dans l'une d'elles que naquit notre amie et qu'elle passa les années de son enfance.

Petit coin de terre béni ! Maison heureuse, qui avez abrité le berceau de celle dont le cœur devait prendre plus tard une expansion si large et si bienfaisante, je vous salue en passant, notre regard ne pourra jamais tomber sur vous avec indifférence !

D'un côté, la maison natale d'Élise, donnait, comme elle le fait encore, sur la route ; de l'autre, sur un jardinet longeant une vaste cour commune, garnie de demeures d'artisans qui faisaient de ce petit faubourg un quasi village. Plus loin, de vastes jardins et des pépinières annonçaient l'industrie de la famille. Le père était jardinier, et celle qui, plus tard, devait professer pour la nature un culte si ardent, puisa cet amour dès le commencement au milieu des siens. Car, tout près de la maison paternelle, c'était la campagne dans toute son attrayante simplicité ; des prés, des bois, un chemin montueux, muni de ces hautes banques particulières à notre Normandie, lesquelles lui creusaient un lit profond ; des propriétés de riches cultivateurs, agréables à voir avec leurs haies d'aubépine, si bien soignées, leurs arbres élevés et toute la vie qu'y donnaient tant de belles vaches au poil lustré et de volatiles multicolores et tapageurs. Dans une de ces demeures, un magnifique paon faisait surtout l'admiration des enfants ; on allait le voir, on s'extasiait de-

vant le splendide plumage qu'il déroulait au
soleil avec le plus majestueux orgueil. Ainsi,
en bas, c'était la petite ville avec ses bruits
de ruches et ses coudoiements affairés ; en
haut, la nature avec sa solitude et son repos.
Toute jeune, Élise préférait déjà monter vers
cette dernière région.

Dès qu'elle put comprendre, ses pensées
d'enfant furent nécessairement attirées par les
conversations de ses parents et par leurs travaux journaliers, sur la culture du sol. Son
esprit, déjà attentif, s'émerveilla des résultats
de la végétation ; elles s'extasia vite sur les
belles fleurs, même sur les beaux légumes ;
elle surveillait les progrès de leur croissance,
en suivait avec intérêt les différentes phases,
et put de bonne heure en reconnaître et en
admirer les plus beaux spécimens. Alors s'é-
veilla en elle un sentiment de reconnaissance
instinctive pour cette terre généreuse qui rendait tant à ceux qui la cultivaient. La nature
devint ainsi pour Élise une amie avant de devenir plus tard une source inépuisable d'études
et de jouissances intellectuelles.

Mais si, par la reconnaissance, cette jeune âme s'ouvrait à l'amour sain et robuste des champs, il était un autre amour vers lequel elle devait naturellement se sentir entraînée par la plus douce des pentes. Des parents chrétiens lui ayant appris à faire remonter à Dieu la source de tous les dons dont elle se sentait gratifiée, elle et ceux qu'elle aimait, les premiers élans de son cœur prirent leur issue vers celui dont l'action bienfaisante lui était révélée à chaque pas : sa magnifique santé, sa gaieté, son courage qui lui faisaient une vraie fête du travail, ses bons parents, tout lui venait de lui... alors il se fit un épanouissement de piété et d'enthousiasme juvénile dans ce jeune cœur... et ce fut bien véritablement le Bon Dieu, dont le règne arrivé dans son âme, devait y subsister jusqu'à la fin. On ne s'arrête pas assez à considérer sous quel aspect il vaut mieux que le surnaturel nous arrive ! l'image première qu'il est préférable d'évoquer devant le regard d'un petit enfant ; et pourtant, quelle importance pour l'avenir... qu'il fut heureux pour notre

amie que ce fut par la bonté, le premier et le
plus magnifique de ses attributs, que Dieu lui
apparut à l'aube joyeuse de sa vie!... Alors,
lorsque vinrent les lourdes épreuves, la maladie, les soucis, les tristesses, la douleur
enfin, il fut pour elle malgré tout et toujours
le Bon Dieu !

La famille s'accrut, Élise comprit admirablement son rôle d'aînée, et quand, plus tard,
elle parlait des petits, surtout d'un petit frère
qui mourut à l'âge de deux ans, je crois, il y
avait dans ses paroles des réminiscences toutes
maternelles.

La famille, l'école, le jardin composèrent
le champ d'action de sa première jeunesse. A
l'école, elle resta malheureusement peu de
temps, elle en sortit après sa première communion, à l'âge de onze ans, et pourtant
Élise conserva de ces courtes années une
impression durable. Douée d'un vif désir de
s'instruire, d'un esprit persévérant et aimable,
elle fut une élève modèle ; aussi, comme elle
aimait à parler de ses bonnes maîtresses !
Pour ce qui concerne le premier pas sérieux

vers l'initiation à la vie spirituelle, la première
communion, ses dispositions durent participer
à la fois de l'émotion pieuse, qui pouvait aller
chez elle jusqu'à l'enthousiasme, et de la force
positive, inhérente à son caractère, laquelle
lui faisait tirer de tous ses sentiments, de
toutes ses émotions, des déductions pra-
tiques.

Ainsi l'enfant grandissait et la travailleuse
se montrait au jour. Fortement constituée,
comme nous l'avons dit, et douée d'un courage supérieur à tout le reste, elle devint
bientôt, au jardin, la plus infatigable ouvrière.
Toute jeune encore elle conduisait les groupes,
bêchant, sarclant, sous la pluie, au soleil de
midi, la première au travail, la dernière au
repos; et le soir, elle trouvait encore du
temps et des forces pour aider sa mère dans
les travaux du ménage.

A quoi pensait-elle dans ces longues heures
durant lesquelles l'emploi de ses forces physiques n'ôtait rien à l'activité de son esprit?
car jamais, même dans les temps les plus
difficiles, les nécessités matérielles de la vie

ne purent l'absorber entièrement) nous pouvons bien en deviner quelque chose : d'abord, son amour de la famille, éveillé dès l'enfance, lui apporta de bonne heure la préoccupation de la réussite des affaires ; de là sa sollicitude appelée sur les bonnes et sur les mauvaises récoltes : sollicitude à laquelle se mêlait quelque chose d'affectueux pour les plantes elles-mêmes. Il est du cœur humain de s'attacher à ce que l'on soigne, à tout ce qui coûte travail et fatigue ; aussi l'idée mercantile était-elle, chez notre amie, tout imprégnée de son amour pour la famille et de son goût prononcé pour la nature. D'autres pensées durent être provoquées aussi par le vif désir de l'instruction qui se manifestait chez elle dès ce temps-là ; car elle employait à lire les seuls moments libres qu'elle eût, c'est-à-dire, quelques instants après ses repas qu'elle prenait rapidement. Se réfugiant alors, en hiver, à l'extrémité de la salle commune avec un livre, elle s'absorbait tellement dans sa lecture, que les rires, que les conversations bruyantes de la table n'arrivaient à son oreille que comme un bourdonnement confus, et ne lui causaient aucune distraction.

Dans ce simple mémento de l'amitié, il ne sera, il ne peut être indiqué que les événements dont l'émotion et le retentissement agitèrent cette âme que nous voulons faire connaître davantage à ceux qui déjà ont su l'apprécier et l'aimer.

Vers l'âge de quinze ans, Élise quitta la maison natale de la Hunière pour une autre habitation désignée sous le nom des Clôtors, parce que le chemin de cette demeure conduisait également au champ du repos. Ombragé et charmant en été, en hiver ce chemin se couvrait de flaques d'eau et parfois la rivière, qui passait tout près, l'inondait en entier. La maison, vieille et rustique, était tapissée d'une vigne dont les pampres l'habillaient de verdure. Elle était entourée d'un très-grand jardin au bas duquel se trouvait encore la rivière bordée de hauts peupliers.

A cette époque, la vie de notre amie entra de plus en plus dans le sillon laborieux du travail de la terre et dans les sollicitudes et les soucis de son rôle de fille, et de fille aînée.

Cette dernière partie de la tâche ne fut pas exempte d'inquiétudes et d'angoisses : parfois les récoltes tournaient mal, et les rentes et les charges qui pesaient sur la famille étaient lourdes ; aussi, malgré la gaieté et l'ouverture de son caractère, sa pensée devint-elle de bonne heure sérieuse et les petites vanités de la jeunesse la trouvèrent peu accessible. Vêtue d'une étoffe commune, taillée sans la moindre élégance, portant l'antique serre-tête, elle attirait la moquerie, bienveillante toutefois, des autres jeunes filles qui l'appelaient en riant la bonne femme. Sa figure large et toute sa structure un peu massive prêtaient à l'appellation ; elle en riait et allait tranquillement son train sans s'émouvoir.

Cependant cette vie austère, presque dure, avait ses joies. Élise avait contracté quelques liaisons avec des jeunes filles de son genre, graves et pieuses. Causeries et promenades du dimanche avec ces compagnes de choix étaient pour elle les vraies récompenses des fatigues de la semaine. Ce groupe faisait partie des cantatrices qui, à certains jours, se réunissaient pour chanter à l'église. Encore une source de jouissances, la plus profonde et la plus pure. Combien les cérémonies de la religion devaient avoir d'attrait pour son esprit et pour son cœur si instinctivement épris du beau ! puis, dès le commencement, la foi fut l'axe qui souleva et soutint sa vie.

Dès l'aube, cette vie s'était donc montrée pour elle une chose grave, une tâche laborieuse qui avait donné peu de prises aux illusions et aux rêves. Dans cette existence d'action et de fatigues, l'imagination n'avait guère d'entrée possible : pourtant à ce cœur généreux et ardent, il fallait un élément supérieur aux plus tendres, aux plus légitimes affections terrestres ; il fallait à sa disposition réelle à l'enthousiasme, un objet : c'est alors que des pensées de vocation religieuse entrèrent dans son esprit. Elles ne lui étaient pas particulières, mais appartenaient également aux jeunes filles faisant partie de sa société (plusieurs d'entre elles réalisèrent ce désir dans la suite).

Toutefois il y avait chez notre amie, un amour et une compréhension des devoirs de la famille nettement articulés, il fallait pour qu'elle pût penser sérieusement à mettre ce projet à exécution, que la famille n'eût plus besoin d'elle, que les petits fussent élevés; que tous les consentements et que toutes les bénédictions paternelles l'accompagnassent ; alors, et alors seulement, elle irait vers Dieu en lui portant en offrande une part de tâche faite.

Eût-elle accompli ce projet si tout fût resté dans l'ordre ordinaire? Nul n'eût pu le dire, pas même elle..... Il est peu de jeunes filles de dix-huit à vingt ans, à l'âme pure et généreuse, qui n'aient fait leur rêve d'abnégation et de dévouement complet ; ce qui n'empêche pas le plus grand nombre de prendre place dans les rangs ordinaires de la société.

C'est ainsi qu'Élise parvint à l'âge de dix-huit ans : sa piété, son courage, la bonté de son cœur s'étaient développés au milieu d'un certain nombre d'imperfections inhérentes à la nature humaine; et, sans doute, Dieu la trouva préparée pour la souffrance, car celle-ci s'avança terrible, inattendue !..... Nous voici à l'époque douloureuse où la maladie va commencer son œuvre de destruction et d'édification à la fois.

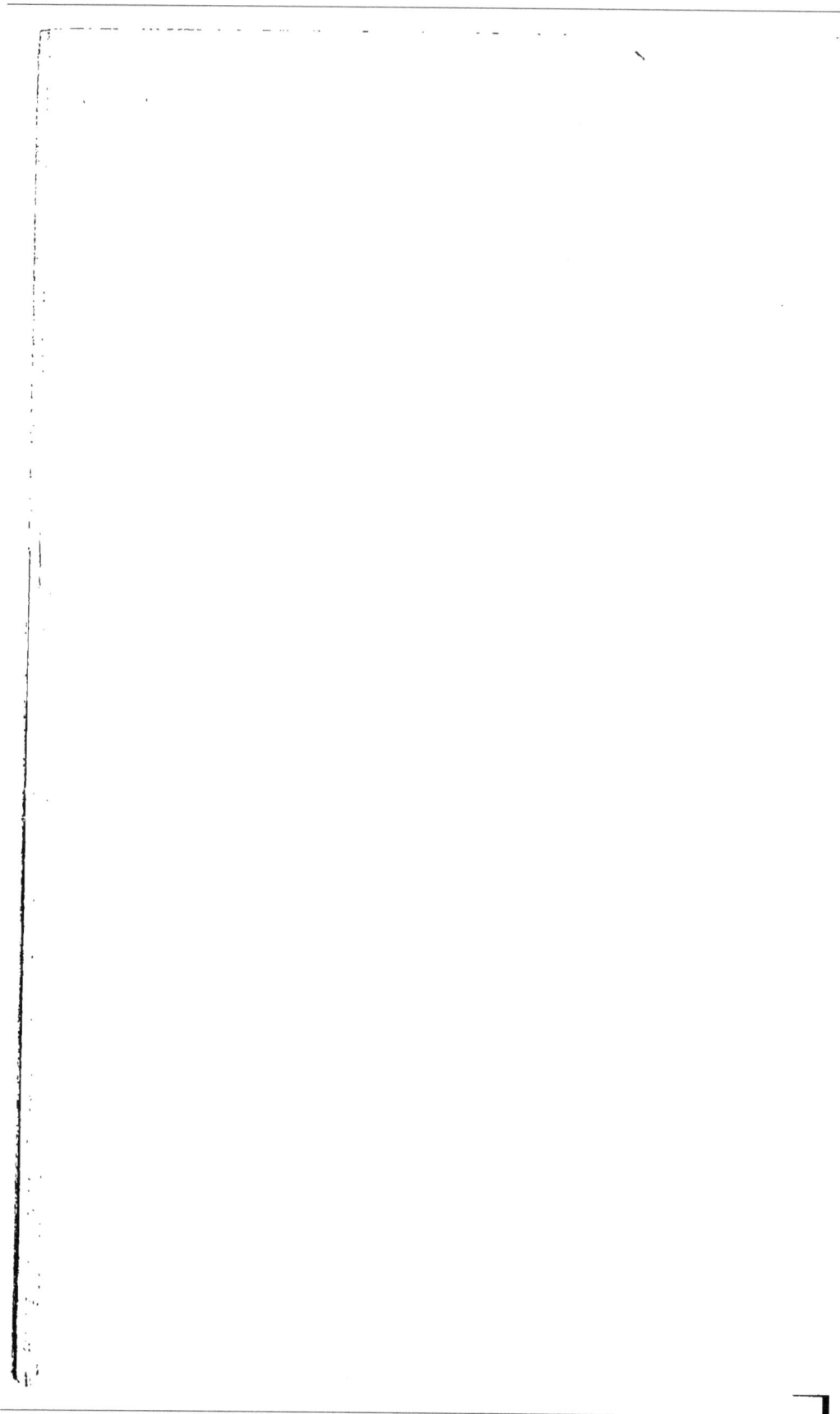

II

Qu'est-ce que se résigner ?...
c'est mettre Dieu entre la douleur
et soi.

Mᵐᵉ SWETCHINE.

Vers cet âge de dix-huit ans, une maladie
terrible, une fièvre typhoïde de la pire espèce
vint s'abattre sur le corps robuste et sain de
notre amie. La lutte fut longue, acharnée,
entre toute cette force, toute cette jeunesse et
le mal redoutable. Des jours pleins d'angoisses
se passèrent. Nous connaissons tous des
jours semblables et nous pouvons en apprécier
l'anxiété douloureuse. Cependant la vie resta
maîtresse du terrain, mais dans quelles conditions ?...

De terribles crises nerveuses se succédaient
sans relâche, impressionnant, plus que cela,

terrifiant son entourage : les membres agités cruellement par des spasmes, parfois s'entre-choquaient avec un bruit sinistre que l'on pou-vait entendre au loin, lorsque la fenêtre de la chambre de la malade était ouverte. Celles de ses amies qui l'ont connue à cette époque, ont conservé la plus pénible impression de ces ébranlements terribles. Cet état effrayant dura longtemps après que tout danger de mort eut disparu ; toujours même, elle conserva une certaine agitation momentanée dans les doigts, surtout pendant la durée de ses fatigues et de ses malaises. S'y livrer, la soulageait.

Malgré les atroces souffrances que provo-quait tout dérangement, on essaya, à reprises réitérées, de la lever, dans le but de conser-server aux jambes leur usage ; mais les crises devinrent tellement violentes, qu'il fallut bien-tôt y renoncer.

Et pourtant, c'était réellement la convales-cence, mais celle-ci avançait d'une manière bien incomplète : l'estomac, après de vains efforts, refusant impérativement tous les ali-ments qui auraient semblé devoir le remettre et le fortifier, il fallut s'en tenir au lait et aux soupes maigres.

Deux années se passèrent ainsi en efforts qui, quoique infructueux, faisaient alterner les cœurs autour d'elle, entre l'espérance et la déception.

C'est vers cette époque qu'eut lieu la neuvaine du prince de Hohenlohe.

La sainteté de ce prince était en grand renom en ce temps-là, quelques personnes parlèrent du succès possible des prières faites par lui : on résolut de lui écrire, ce qui fut fait.

La neuvaine se terminait un vendredi à midi, Élise voulut éprouver ses forces, elle essaya de se lever avec l'aide de sa sœur; mais tous ses efforts furent vains, aucun changement ne s'était opéré dans son état: sa sœur, découragée, la quitta pour vaquer aux soins d'intérieur. Mais notre malade n'avait point perdu tout espoir; au contraire, vers trois heures, celui-ci va grandissant à la pensée que c'est le jour anniversaire de celui où la Rédemption fut consommée, et l'heure aussi....

bientôt le sentiment qui l'anime participe de cette Foi qui peut soulever les montagnes : « Si Dieu voulait me guérir à l'heure de sa mort ? » se dit-elle. Et tout à coup elle sent ses forces renaître ; elle s'habille et descend, sans l'aide de personne, dans la cuisine, où son arrivée provoque une explosion de joie attendrie et remplie de reconnaissance envers Dieu.

Le lendemain elle put se rendre à l'église, distante d'environ un kilomètre. Quelle action de grâces son cœur dut y formuler !

Hélas ! il n'entrait pas dans les vues de la Providence que cette guérison fût radicale ; devons-nous nous en plaindre maintenant que la lutte est finie ? que l'épreuve a été si noblement, si chrétiennement supportée ?... nous verrons par la suite de ce récit si l'on peut appeler *sacrifiées* et pour le monde et pour elles-mêmes, ces existences qui semblent frappées au début d'impuissance et de désolation.

Cette espèce de halte dans la maladie, cette grâce qui lui avait été accordée de pouvoir

marcher, dura six mois ; puis, un jour, en
allant à l'église avec sa grand'mère, Élise lui
dit : « Je sens que je vais retomber. » En effet,
le lendemain elle ne sentit plus la force, on
peut dire surnaturelle, qui l'avait soutenue
depuis plusieurs mois : elle se retrouva juste
dans le même état qu'au moment de la neuvaine ; et depuis, malgré les efforts les plus
douloureux, elle ne se releva jamais.

C'en était donc fait, elle était pour toujours
clouée sur un lit de douleur et condamnée à
l'inaction ! Il fallait renoncer à toutes les habitudes, à tous les travaux de sa vie passée,
renoncer aussi à toutes les jouissances extérieures ! Qui peut savoir ce qui se passa dans
cette âme si remplie de vie et d'ardeur ? On
ne brise pas sans déchirement avec ce qui
semble les forces et les joies de la vie. Tout
son passé en plein air, rempli de séve prin-
tanière exubérante, dut lui revenir en souvenirs d'une amertume infinie ; ces bouffées
d'air libre respirées avec tant de délices, par
les natures fortement trempées comme la
sienne, cette liberté de l'espace et du mouve-

ment si chère à la jeunesse, ces relations à
peine nouées avec la nature, et déjà si douces,
auxquelles il fallait dire adieu... et plus que
tout cela encore, l'impuissance générale pour
l'action, elle, la personne d'action par excel-
lence ! et ses rêves d'avenir, et sa part de vie
sociale perdue... toute cette grande solitude
qui menaçait à la fois son immense besoin
d'activité, son esprit et son cœur, dut retomber
sur elle avec un poids écrasant.

Oh ! le jeune oiseau qui a essayé victorieu-
sement ses ailes, que l'espace attire, qu'un
souffle puissant anime, n'éprouve pas de plus
douloureuse agonie, alors que les deux ailes
coupées par une main cruelle, il s'épuise sur
la terre en bonds désespérés !

Que lui restait-il au milieu de ces ruines?...
l'affection des siens et la compatissance de
tous... c'était beaucoup, mais était-ce assez
pour que la résignation fût possible? Oh ! non,
nous le savons, il nous faut avant tout une
part *personnelle*... Non, l'amitié, les affections de famille, si fortes qu'elles soient, ne
suffiraient pas pour préserver un cœur du

désespoir devant le naufrage de toute une vie... Mais heureusement, elle aussi avait sauvé la Foi, la confiance en Dieu, à travers les ruines de sa destinée, et si la lutte dut être longue, douloureuse, traversée de vents contraires, entre le découragement et la résignation, si nous ne pouvons en mesurer l'émotion intérieure, ce que nous savons, c'est que le courage fut à la hauteur de l'épreuve et que la résignation finit par triompher à travers toutes les espérances déçues d'une guérison attendue pourtant, pendant de longues années.

Il est doux de le savoir, il est doux de le dire, Dieu sait tirer de belles choses de la douleur, quand celle-ci est soumise et généreuse.

Aussi avec les épaves de sa destinée primitive, il bâtit un magnifique édifice sur lequel nos yeux se reposent avec amour. Oui, au milieu des ombres où semblait s'ensevelir sa vie, bientôt une petite lumière s'étoila et grandit, grandit sous le regard de Dieu.

La plus profonde des douleurs morales qui

l'étreignirent lorsque la souffrance commença à lui donner des heures de relâche, ce fut de ne pouvoir aider ses parents dans leurs travaux ; de ne pouvoir, comme elle le faisait autrefois, stimuler les ouvriers de son exemple et de sa parole. Cette douleur persista de longues années, jusqu'au moment où la situation pécuniaire devint tellement satisfaisante, que le travail dans le jardin n'était plus que de médiocre importance. Il ne lui resta plus, à cette époque, que l'excitation et l'humeur que provoque, sur les natures consciencieuses, la vue des pertes de temps et du manque de délicatesse chez les autres. Quoique ce fût, sous cette forme, encore une contrariété réelle, au moins il n'y avait plus de préoccupation. Combien plus alors dans les temps antérieurs où la gêne était dans la famille, elle souffrait de ne pas être là pour activer le travail? Quand elle voyait les plantes jaunir faute d'arrosements assez fréquents, le sarclage se faire en retard, les travailleurs s'amuser et traîner la besogne, elle souffrait cruellement et parfois tirait le rideau de sa fenêtre, pour ne pas

voir ce gaspillage de temps, si préjudiciable
aux siens.

Mais si l'aide physique disparaissait, l'aide
morale grandissait chaque jour ; la chambre
d'Élise devenait le véritable foyer de la famille,
chacun de ses membres venait s'y reposer et
s'y distraire ; y chercher le courage et la consolation ; y demander conseil. Les pertes d'argent accablaient ses parents, des pépinières
tout entières se trouvèrent tout à coup ravagées
par des insectes destructeurs ; les jardins eux-
mêmes, stérilisés par de mauvaises saisons,
rendaient peu ; la ruine semblait imminente,
malgré le travail, malgré les privations cachées.
Oh! combien fut grande l'étendue des souffrances de notre amie à cette époque! Caractère fier et fortement imprégné de tous les
sentiments de l'honneur commercial comme
de tous les autres honneurs, elle eût préféré
mille fois une augmentation notable de souffrances, la mort même, à la nécessité de faire
perdre les fournisseurs, les ouvriers et tous
ceux qui avaient eu confiance dans la signature de son père. Elle était de ceux qui ont un

1***

besoin plus pressant encore de fierté que de
bonheur. Ce fut, nous le lui avons entendu dire
à elle-même bien des fois, la période la plus
douloureuse de sa vie, pourtant déjà si atteinte,
et cette période fut longue. Non-seulement
elle avait le poids de son propre chagrin à
porter, mais aussi celui des inquiétudes de
tous les siens qui venaient chercher près d'elle
le courage et l'espérance. A son bon, excel-
lent, mais trop confiant père, il fallait les mots
réconfortants de son Élise, et elle les lui donnait. Elle aurait bien voulu y ajouter, de temps
en temps, une observation respectueuse sur la
solidité de tel marché, de telle entreprise ;
mais le plus souvent elle n'osait pas, le père
de famille étant revêtu à ses yeux de cette
suprême autorité qui n'appelait que bien difficilement le contrôle des enfants ; puis comment attrister ce confiant, cet aimable père,
qui voyait toujours dans le ciel le plus sombre,
du bleu, par quelque endroit ? le cœur lui
manquait pour cela. Ensuite, c'était la mère,
puis les frères et la sœur qu'il fallait soutenir
également.

La sœur dont nous n'avons pas encore dit un mot, et pourtant quelle compagne ! quelle partie d'elle-même ! Malgré la convenance de laisser dans l'ombre tout ce qui entourait notre amie, il nous est impossible de ne pas dire quelques mots de celle qui fut digne, sous tous les rapports, d'être la compagne, l'amie, la sœur d'Élise ; puis, hélas ! la mort nous le permet, et, de plus, notre pensée les réunit dans le même souvenir.

De quatre ans plus jeune, Désirée, avec les mêmes qualités de famille, avait moins d'énergie dans le caractère, moins d'élan à l'abord et plus de douceur naturelle. Avant la maladie de sa sœur, quoique celle-ci fût sa meilleure amie, Désirée avait cependant formé de de son côté, parmi les compagnes de son âge, quelques liaisons dont l'attitude était certainement différente et un peu plus mondaine ; ce qui faisait que les aînées, formant le groupe d'Élise, professaient pour les jeunes quelque chose de l'indulgence maternelle. On souriait à leur gaieté communicative, à leurs reparties amusantes. Cette nuance persista

durant et après la maladie (chacun ayant con-
tinué à attirer les siens), et cette petite société,
malgré la diversité des facultés et des caractères, finit bientôt par former un tout harmonieux, où se développèrent à l'aise des éléments supérieurs.

Désirée fut non-seulement, comme nous
l'avons dit, pour Élise une sœur, une amie,
mais encore une de ces servantes de cœur
que quelques privilégiés rencontrent une fois
dans leur vie. Les soins que son état réclamait
lui étaient donnés avec une tendresse charmante, ses moindres désirs devancés, préve-
nus; le tout avec un tact exquis et un entrain
aimable. Aussi, plus tard, quand cette compagne dévouée fut enlevée à notre amie, celle-
ci ne sut-elle ni exiger les soins mercenaires,
ni même se résigner, qu'avec effort, à demander les plus indispensables.

Plusieurs années s'étaient écoulées depuis
la catastrophe; Élise, appuyée sur l'affection,
entrait tout doucement dans une voie nouvelle, où son esprit soumis et son cœur généreux pouvaient déjà entrevoir, à l'horizon,

quelques-unes des compensations, des jouissances avec lesquelles le Bon Dieu de son
enfance, viendrait réconforter ce pauvre cœur
qui, parfois révolté, ou plus souvent plaintif,
finissait toujours par triompher dans la résignation et l'amour.

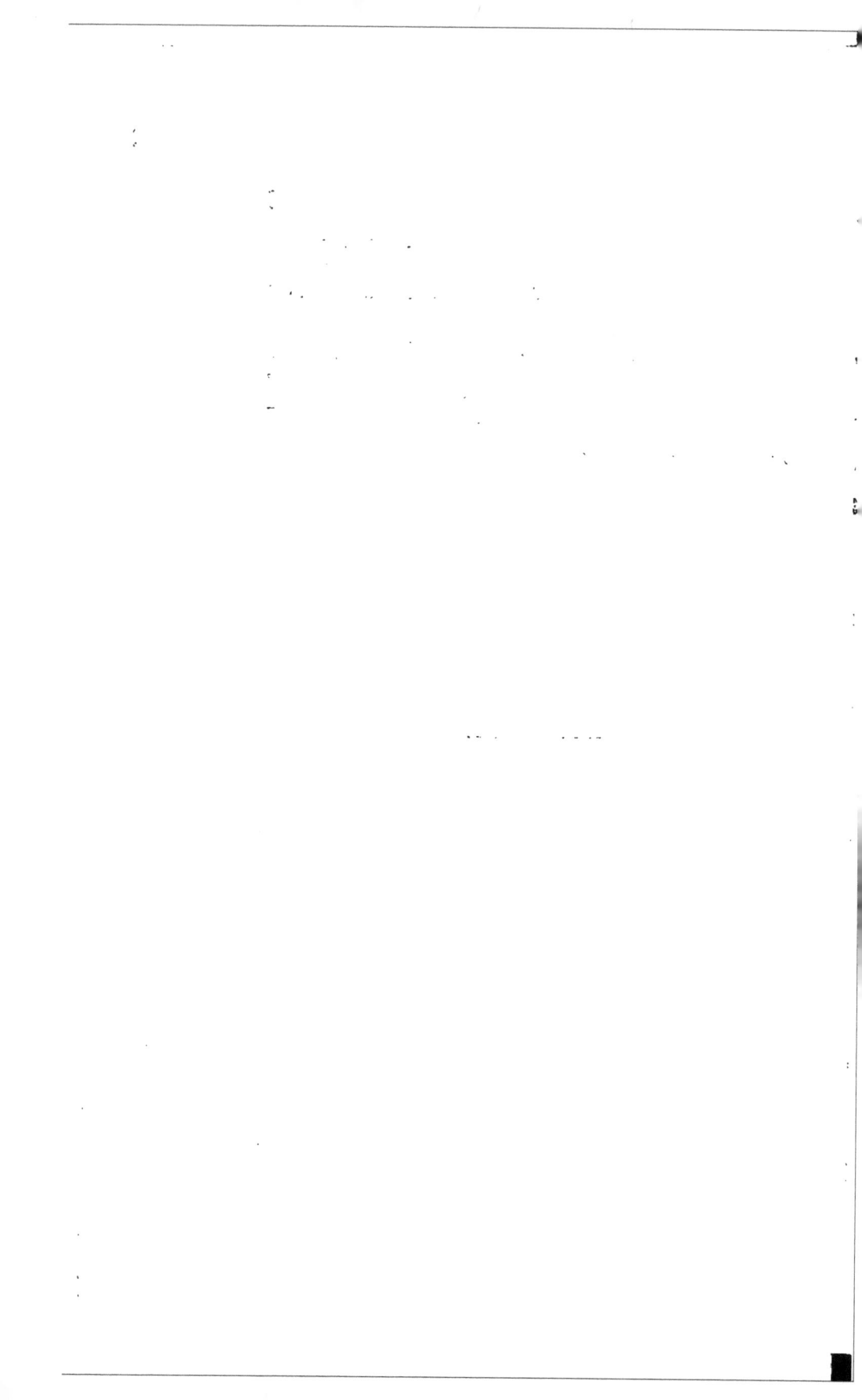

III

Le Dieu des chrétiens est le Dieu des métamorphoses. Vous jetez dans son sein la douleur, vous en retirez la paix; vous y jetez le désespoir, c'est l'espérance qui surnage.

Mme SWETCHINE.

La douleur, l'absence absolue de mouvement, en ôtant au corps la plus grande partie de sa puissance, la reporta sur la pensée. L'esprit énergique, pratique et vif de notre amie ne pouvait être longtemps sans chercher à tirer parti, sous tous les rapports, de sa triste et irrémédiable position. Les travaux manuels auxquels elle était accoutumée, ayant cessé d'être possibles, elle résolut de se livrer à la broderie, et les mains qui avaient manié la bêche et le râteau, devinrent si habiles à

manier l'aiguille, que nombre d'ouvrages fins
et délicats sortirent de ses doigts agiles, et
que bientôt elle ne put satisfaire aux demandes
qui lui étaient faites de toutes parts. Ainsi le
travail dont elle savait si bien apprécier les
bienfaits, revenait à sa couche douloureuse
pour fortifier sa patience, pour alimenter ce
besoin d'activité, si impérieux en elle, et lui
fournir les moyens d'être encore utile aux
siens. Ce n'était plus, il est vrai, le rude com-
pagnon de sa vaillante jeunesse ; mais en lui
ôtant sa vigueur, la maladie avait, comme
nous l'avons dit, transformé la robuste jeune
fille.

Le produit de ce travail fut exclusivement
consacré à l'entretien de la toilette de Désirée.
Qu'elle était heureuse de pouvoir ainsi parer
sa sœur bien-aimée ! Elle qui s'habillait, nous
l'avons vu plus haut, en bonne femme, se pré-
occupait maintenant, dans une certaine mesure,
d'élégance et de modes... Peut-être dans cette
préoccupation, se glissait-il dans ce cœur fier
un désir secret de dérober aux yeux du public la gêne de la maison.

L'instruction d'Élise était bornée aux notions
élémentaires, elle désira étendre ce petit rayon
de connaissances et sut entraîner son entourage dans cette voie. Les livres scolaires furent
repris, le dictionnaire consulté. Chaque dimanche après vêpres, on se réunissait dans sa
petite chambre, et là, on étudiait, on faisait de
la dictée, on discutait les règles de la gram-
maire, on chiffrait avec courage, enfin on
s'évertuait, quelquefois à faux, mais jamais
complétement en vain cependant, et l'on riait
par-dessus le tout : c'était le remplissage.

Malgré le défaut de méthode et le manque
de leçons, certains progrès furent faits, et
surtout on prit le goût des choses de l'esprit.
Le goût lui-même s'épura par la critique
mutuelle ; l'amour du beau inné dans chaque
être, plus ou moins, se développa, et l'atmosphère intellectuelle s'éleva peu à peu.

La petite chambre étant devenue un centre
d'activité et de jouissances, il nous faut la
décrire ici. Elle était très-petite ; si le confortable y perdait à certains égards, l'intimité y
gagnait en retour. On y causait si bien, si

près, que les paroles murmurées à demi voix étaient toutes entendues. Le lit où la pauvre malade était prisonnière et qui occupait la plus grande partie de la chambre, était toujours recouvert de draps bien blancs qu'il ne fallait pas froisser. Un grand mouchoir à carreaux les garantissait du contact des enfants, lesquels elle a toujours aimés. Ce lit était couvert à certains endroits de journaux et de livres et autres objets qu'elle voulait à sa portée. Sur une petite table tout près, un bouquet dans un simple verre. Un guéridon, des chaises de paille, quelques gravures sur les murs, et c'était tout le mobilier, auquel vint s'ajouter plus tard une petite cheminée. A la tête du lit, un placard où s'étagèrent, dans la suite, les années du journal des jeunes personnes, rangées avec ordre, et avec un soin affectueux qui montrait quelle part, de plus en plus grande, notre amie accordait à la culture intellectuelle. Aussi combien il était difficile d'emporter un de ces chers numéros chez soi ! elle craignait tant qu'ils fussent salis, égarés ; lire près d'elle, très-bien, tout était à notre disposi-

ÉLISE. 39

tion. Souvent dans les jours de réunion, l'une de nous lisait haut, pendant que le reste de la société écoutait en travaillant. Après la lecture ainsi faite venait l'échange des pensées, des observations, ce qui rendait ces heures fort attrayantes. Plonger dans le placard, y chercher les lectures indiquées, les livres désirés, puis remettre tout à sa place était une besogne aimée des plus jeunes. Ce cher placard, quelle mine de bonnes choses il contenait ! Non-seulement les livres, mais les dessins et tout ce qu'il fallait pour peindre, pour enluminer s'y trouvait ; car on mettait à profit les gracieusetés du journal, en suivant ses indications concernant l'émission ordinaire de ces recueils en fait de peinture, de sculpture par *procédés :* peinture orientale, barrouillet, chinoiserie, potichomanie, décalcomanie, fleurs artificielles, fleurs en cuir, imitant le vieux chêne... *de très-loin*, etc., mille passe-temps demandant l'adresse des mains et l'aide de l'imagination.

La chambre était munie de deux petites fenêtres tout enguirlandées de branches de vigne. L'une avait vue sur le chemin. C'était près de celle-ci qu'on s'asseyait ordinairement avec son ouvrage; c'était par là que l'on voyait arriver les visiteurs, lesquels n'étaient pas souvent reçus avec plaisir intérieurement, il faut l'avouer ; ils dérangeaient la conversation, nous prenaient notre amie, tous motifs égoïstes naturellement, auxquels Élise ne s'associait presque jamais. L'autre petite fenêtre, tout près de son lit, donnait sur un sentier que l'on appelait la grande allée. A travers les pampres qui encadraient son cher visage, Élise pouvait apercevoir les fleurs qu'elle aimait toujours autant, et respirer un peu d'air extérieur.

Si les objets matériels s'associent à l'émotion et presque à la tendresse provoquées dans nos cœurs par les souvenirs qu'ils nous rappellent, combien la petite chambre, dont nous n'avons pu qu'indiquer ici l'harmonieuse physionomie, ne doit-elle pas être restée pour notre pensée un retrait délicieux que, en refaisant le passé, nous repeuplons de toute sa vie d'autrefois !

Deux allées du jardin conduisaient à l'habitation : l'une, directement, ne se faisait
remarquer que par un petit massif de verdure
planté par les frères, à l'ombre duquel s'ados-
sait un banc rustique. On l'appelait le jardin
de Désirée. On s'y asseyait de temps en temps,
rarement et seulement sur l'invitation pres-
sante d'Élise d'aller prendre l'air : l'attrait de
la chambre de la malade étant supérieur à
tout autre.

L'autre sentier, prenant naissance également à la porte du chemin, s'arrondissait
d'abord, pour continuer parallèlement au
premier, en séparant le jardin en deux parties. Cette large et longue allée était fort
agréable, car l'on semait des fleurs avec profusion sur les deux longues plates-bandes que
l'on nommait les bordures, et l'été, les yeux
étaient réjouis par leurs couleurs variées et
l'odorat flatté par leurs parfums. Le chemin longeant l'enclos et conduisant aux propriétés voisines, devenait souvent très-mauvais
pendant l'hiver, alors beaucoup profitaient
largement de la permission accordée par le

père de notre amie de passer par le jardin,
qui devenait ainsi un quasi jardin public. Une
petite porte, ne fermant que le soir, et ménagée tout au fond, près de la rivière, rendait
l'accès facile des deux côtés. C'était la vraie
rue d'Elise, aussi y tenait-elle fort, et chaque
fois qu'elle entendait marcher dans l'allée, elle
levait la tête pour recevoir le salut souriant et
souvent la phrase amicale qui lui arrivaient
alors. Elle avait ainsi une toute petite part du
monde extérieur.

Les passants de l'allée fleurie formaient,
avec les travailleurs du jardin, l'activité du
premier plan ; au second, une blanchisserie
de toiles lui donnait un agréable spectacle
chaque jour, en y ajoutant en juin l'attrait des
faucheries. Sur le coteau, à l'horizon, de
beaux animaux paissaient et animaient le
paysage. Ainsi sa vie se refaisait tout doucement au dedans et au dehors, grâce à l'attraction qu'elle exerçait de plus en plus sur ceux
qui l'approchaient.

Il était un jour dans l'année où chacun
voulait oublier les préoccupations journalières,

c'était le jour de la fête du bienheureux patron des jardiniers : saint Fiacre. Ce jour-là, tous les outils de travail étaient délaissés, les jardiniers, leurs familles, et tous les employés, depuis le plus adroit travailleur jusqu'à la plus simple sarcleuse, allaient, en habits des dimanches, assister à la messe dite pour eux. Dès la veille de nombreux préparatifs avaient été faits : les jardins, impitoyablement dépouillés, annonçaient l'importance du jour. Le chœur de notre église devenait un magnifique parterre. Chaque jardinier faisait assaut de goût dans l'exhibition et l'agencement de ses plus beaux produits. Ce n'étaient que guirlandes et bouquets accrochés aux grilles, qu'immenses et superbes jardinières s'étageant aux colonnes, enfin que fleurs partout, et sous toutes les formes.

Après la messe, il y avait un repas de famille, d'amis et d'employés ; repas où la cordialité la plus franche, où l'expansion la plus aimable régnaient.

Notre amie, de sa chambre solitaire, n'avait pas cependant la moindre part de la joie commune : quoique le luxe inusité de la cuisine ne lui apportât, comme à l'ordinaire, que sa tasse de lait quotidienne, elle la trouvait meilleure ce jour-là, assaisonnée qu'elle était de la joie de tous ; elle souriait aux éclats de rire, aux chansons qu'elle entendait de loin, puis de temps en temps il s'échappait un des membres de cette joyeuse jeunesse pour lui tenir compagnie, pour causer quelques instants avec elle, mais elle les renvoyait vite : « Allez vous « amuser, disait-elle, je jouis avec vous et « sans me fatiguer. »

La Saint-Fiacre a disparu, mais nulle part elle n'a laissé de meilleurs souvenirs pour ceux qui y ont assisté que parmi les invités de la famille de notre amie ; car nulle part l'hospitalité ne fut plus aimable.

Pourtant il y avait bien des soucis dans cette demeure, il s'y passait bien des heures pénibles... les tracas, les embarras d'argent augmentaient d'année en année ; ce fut alors que la mort du père arriva et que les fils prirent en main une situation difficile, compromise même depuis longtemps. La mort de

son bon père retentit bien douloureusement
au cœur d'Élise ; s'il ne possédait ni sa pru-
dence, ni la sagacité de son jugement, il y
avait, sous les autres points, une grande ressemblance entre le père et la fille, et ils s'ai-
maient profondément. Au dehors, les regrets
s'exprimèrent vivement sur la perte de celui
que tout le monde appelait amicalement le
père Got.

La mort de son père plaçait Élise au premier rang de la famille ; son excellente mère
se reposait sur elle, et il fallait soutenir, encou-
rager les frères dans la lutte généreuse contre
les difficultés de la situation ; mais alors on
pouvait tout dire, et non-seulement les cœurs,
mais les esprits aussi s'entendaient.

Des mesures sages furent prises ; l'écono-
mie redoubla ; travail, fatigues, dévouement
absolu, facultés de l'intelligence et force de la
volonté, tout fut consacré à sauver la position. Cette nouvelle période fut encore traversée par bien des douleurs, par bien des
épreuves, mais enfin on marchait vers l'allégement et on le sentait. Quel encouragement

dans cette pensée : sauver l'honneur de la famille et ne laisser à la mémoire de son père aucune flétrissure ! Il y avait aussi de fortes jouissances pour ce noble cœur dans sa fierté et sa tendresse fraternelles satisfaites. Puis, il y eut de bien bons jours. Qui dirait la joie ressentie au payement d'une vieille dette aux ruineux intérêts? à l'amortissement de quelque rente désastreuse? à la réalisation d'un marché aux avantages sérieux? Ceux-là seuls qui ont éprouvé ce genre d'émotion le comprendront. Il fallut bien des années et l'adjonction d'un commerce de graines, pour arriver à un résultat définitif; tant d'années que l'âge mûr remplaçait la jeunesse, mais on n'avait plus peur : avec l'aide de Dieu on arriverait ; ce n'était plus qu'une affaire de temps, et le courage patient ne manquait pas.

IV

> L'homme n'est qu'un roseau,
> mais c'est un roseau pensant...
> Quand l'univers s'écroulerait sur
> lui, l'homme est encore plus noble
> que ce qui le tue, parce qu'il sait
> qu'il meurt... et l'avantage que
> l'univers a sur lui, il n'en sait
> rien.
>
> PASCAL.

A cette époque, Désirée se maria et dut
quitter la maison et la ville. Élise, dans son
continuel et complet oubli d'elle-même, avait
insisté pour ce mariage en voyant qu'il conve-
nait à sa sœur ; et pourtant quel brisement
pour ces deux cœurs si étroitement unis !
pour ces deux existences qui ne s'étaient jamais séparées ! Elle le savait ; elle perdait la
plus grande partie de sa sécurité et de sa
joie... Où retrouver de pareils soins et pour

elle et pour sa mère qui se faisait vieille ? Nulle
part, il n'y fallait pas penser. Et la maison si
bien tenue... les soins domestiques allaient
retomber complétement sur elle... et mieux
que tout cela, l'échange continuel des pensées,
où le retrouverait-elle, ses frères étant presque
toujours absents ?... et l'appui du cœur?...
Qu'importe, ce qu'il fallait sauvegarder avant
tout, c'était le bonheur de celle qu'elle aimait
beaucoup plus qu'elle-même. Ce fut sous
des sourires qu'elle cacha ses larmes et par
des mots affectueux et gais qu'elle essuya
celles des autres.

Tous nous avons éprouvé les tristesses de
la séparation, de l'éloignement en est-il beaucoup de plus douloureuses?... Ce regard qui
vous répondait sans paroles, ce cher visage
qu'à chaque heure vous pouviez contempler,
ces mains qui serraient les vôtres et qui
étaient journellement occupées à votre bien-
être, tout cela est parti... Vous ne marchez
plus par le même chemin (il y a bifurcation),
et l'éloignement se fait, s'accentuant de plus
en plus sous le poids de soins différents.

Dans certains cœurs, la puissance d'aimer
atteinte dans ses plus chers objets, s'attriste et
se concentre dans le souvenir ; pour la nature
généreuse d'Élise, il ne pouvait en être ainsi :
l'éloignement de sa sœur bien-aimée, tout
pénible qu'il fût, n'ôta aucune force, aucune
douceur à l'affection qu'elle portait à ses
amies ; au contraire, elle parlait avec elles de
la chère absente, et retrouvait toute sa puissance d'action et d'intérêt pour tous.

Le tremblement nerveux qui l'agitait si violemment, comme nous l'avons dit, avait à peu
près disparu, sauf le léger mouvement indiqué
déjà. Les douleurs d'entrailles persistant ne
lui permirent, comme nous l'avons vu, que la
tasse de lait à midi et le matin une soupe
maigre, certains légumes encore, sans jamais
pouvoir rien changer à ce régime de cénobite.
Quelques gouttes de café sur une tasse de
lait, à peine de quoi en modifier légèrement le
goût, suffisaient pour lui donner des souffrances d'estomac intolérables pendant quinze
jours. Il fallut renoncer à tous les essais en
ce jour. Les dents, qui se gâtaient toutes, la

faisaient aussi cruellement souffrir, et nul
n'osait, en face de cette faiblesse, conseiller
des extractions.

Ces souffrances, presque journalières, passaient le plus souvent inaperçues pour les
simples visiteurs, tant elles étaient voilées de
courageuse sérénité. Aussi, sa sœur partie,
les bonnes ne les devinèrent pas, et parfois
même, peut-être, elles évitèrent de les voir.
Une malade qui demandait si peu de soins,
qui craignait tant d'occuper d'elle, de déranger, risquait fort d'être fort mal soignée; c'est
ce qui arriva souvent, surtout quand le bon
Dieu lui eut retiré sa mère.

Privée ainsi des attentions et des soins délicats auxquels sa sœur l'avait accoutumée, et
ne se résignant qu'avec effort à exiger les plus
nécessaires, elle se détacha de plus en plus de
ce qui lui était personnel, quoique deux bons
anges, le dévouement fraternel et l'amitié,
fissent de leur mieux pour suppléer à ce qui
lui manquait sous ce rapport.

Après quelques années passées ainsi, une
autre épreuve lui fut ménagée; le bonheur de

cette sœur auquel elle avait sacrifié la meilleure
part du sien, se trouva gravement compromis :
son mari, dans un placement malheureux,
perdit la plus grande partie de sa fortune,
et à l'âge où le repos est nécessaire, il fallut
travailler. Désirée fut comme toujours à la
hauteur de la tâche. On se décida à faire
coudre des gants : après l'apprentissage, au
moment de l'installation, une immense consolation fut ménagée aux deux sœurs : Vimoutiers fut choisi par le mari comme lieu de
domicile, et ainsi se trouvèrent rapprochés ces
deux cœurs si étroitement unis. Élise ne jouit
pas d'abord de cette compensation ménagée
par la Providence, elle était toute à la pensée
du fardeau qui allait charger les épaules de sa
sœur : difficultés d'intérêt, recherches de
fabricants, création d'ouvrières, enfin changement total de situation et d'habitudes. Elle
souffrit donc avec elle, mais quand elle la vit
de nouveau installée à la petite fenêtre avec
son ouvrage, et qu'elle pensa qu'il pourrait en
être ainsi de temps en temps, son cœur se gonfla
sous une impression délicieuse que bientôt,

avec son habitude d'immolation ordinaire, elle
se reprocha, comme achetée trop cher par sa
sa sœur; et même il lui fallut saisir dans l'œil
de celle-ci la même pensée rayonnante pour
y consentir et s'y complaire.

Comme, les dimanches exceptés, chacune
de celles qui faisaient partie du cercle intime
d'Élise, aimait à trouver notre amie seule,
causant ainsi plus facilement en tête-à-tête, il
fut convenu que chacune de nous aurait son
jour ou plutôt sa partie de jour dans la
semaine. Toutes furent fidèles à ce plan, et s'il
arrivait que quelque circonstance nécessitât
d'aller sur les brisées d'une autre, à cette autre
on faisait des excuses, qui n'étaient même pas
toujours acceptées facilement. Pourtant toutes,
à peu près, nous faisions partie du même
cercle, mais qu'importait? il nous fallait notre
amie à nous toute seule, elle-même le préférait, elle se fatiguait beaucoup moins et causait plus facilement ainsi. D'ailleurs les différents caractères qui l'entouraient, avaient leurs
nuances diverses qu'elle saisissait avec l'instinct le plus sûr; de là des conversations

s'assimilant à la nature et aux convenances particulières.

Souvent celles-ci roulaient sur les principaux incidents de la semaine, que nous lui racontions toutes; parfois, c'étaient des faits intéressant notre petite ville, qui occupaient la la pensée; puis encore, la chose publique, la France; souvent aussi des échanges d'appréciations sur les idées générales absorbaient le temps. Quelquefois il y avait des silences, silences harmonieux où les pensées brodaient sur le même thème des variations personnelles, mais toujours sympathiques; lesquelles me font songer à ces petits morceaux de mélodie que l'on nomme « romances sans paroles, » où l'auditeur les compose lui-même, suivant le rhythme, sa fantaisie et son degré d'émotion. Très-souvent, après ces silences, où la pensée avait marché, on arrivait avec la même idée, la même interpellation.

O chers entretiens! que de reconnaissance n'avez-vous pas soulevée dans nos âmes pour celui qui nous accordait un tel cercle d'expansion! un choix d'amis si précieux!

Que de fois Élise elle-même n'a-t-elle pas dit :
« Nous avons toutes perdu le droit de nous
« plaindre de la vie, des difficultés et des
« chagrins qu'elle peut offrir : n'avons-nous
« pas ce qu'elle peut donner de meilleur, de
« plus durable, des amitiés fortes contre la
« mort même ? » Oui, contre la mort même,
nous l'avons éprouvé, depuis que plusieurs
d'entre nous sont allées commencer à recom-
poser, dans l'autre vie, le groupe appauvri
ici-bas.

V

La véritable victoire, celle qui
met sous nos pieds le monde
entier, c'est notre foi.

SAINT JEAN.

Après tous ces longs ébranlements, la vie
avait repris pour Élise une allure plus calme.
Toute préoccupation pécuniaire avait cessé,
l'aisance même venait sous une direction
habile et courageuse. Les souffrances res-
taient, il est vrai, mais, avec l'aide du temps,
elles avaient diminué d'intensité, puis, comme
toujours, elles étaient adoucies par l'affection.
Le travail intellectuel, poursuivi à travers les
péripéties et les tristesses, élargissait le cercle
des jouissances de notre amie. Le cœur, toujours en avant, retrouvait dans ceux qui l'entouraient, les trésors d'affection répandus par

lui avec tant de profusion. La vie de notre
amie, éclairée de plus en plus au dedans, prenait une attitude de douce et sereine gravité ;
et il s'ouvrait des sources à la joie. Il y a de
bons souvenirs à cueillir en ces temps, nous
allons tâcher d'en fixer ici quelques-uns.

L'amitié fraternelle, toujours aux aguets
pour lui procurer un allégement ou une jouissance, depuis longtemps caressait l'idée d'une
petite voiture dans laquelle on pût la promener ; ce projet fut enfin réalisé. Une espèce de
chaise longue, bien suspendue, voilà quelle
fut la forme affectée par le léger véhicule.

On essaya d'abord d'une petite promenade
dans le jardin, et pour cela, on choisit l'époque
où la grande allée, parée de toutes ses fleurs,
était brillante de jeunesse et de fraîcheur. On
leva donc notre chère malade et on la porta
dans la petite voiture. Dire son ravissement
de pouvoir aller jusqu'au fond du jardin, de
pouvoir admirer de près les fleurs qu'elle
aimait tant ! de se sentir en plein air... Dire
le nôtre de la voir si heureuse, serait chose
difficile!... En fait de cœur peu de choses peu-

vent s'exprimer. Elle demandait à s'arrêter à chaque pas, faisant des questions sur telle ou telle plante; respirant avec délices l'air du printemps; s'extasiant sur la douceur des ressorts de sa chaise roulante, remerciant du regard l'affection dévouée à laquelle elle devait cette jouissance inespérée, enfin laissant tout son cœur s'épanouir dans un sentiment délicieux, tout imprégné de reconnaissance et de tendresse.

Malgré toutes les précautions prises, il lui fallut de longs jours pour se remettre de cette première secousse; mais quels projets de promenades plus éloignées pour les jours de force, relative naturellement, qui pouvaient lui être ménagés !

Un de ses premiers désirs fut de revoir le coin de terre où s'était écoulée son enfance : la maison natale. Tout le monde connaît le charme qui existe dans ce mot, charme composé de mille riens pour les indifférents, mais qui reconstruisent pour notre pensée émue les choses les plus charmantes. Il y a là des recoins où sont restés pour nous des souve-

nirs toujours aimables et toujours présents…
l'imagination remettant toutes choses en place,
bientôt le passé ressuscite à nos regards atten-
dris. La chère vieille maison ! c'est le foyer
où s'encadrent les visages disparus : Père,
mère, frères et sœurs.

Le beau jour de son pèlerinage arriva et l'on
partit. Afin d'éviter les pavés de la ville, on
avait pris un détour qui conduisait droit à la
vieille route et l'on chemina lentement par un
sentier verdoyant. C'était par une de ces magnifiques après-midi d'automne où la douceur et
la limpidité de l'air donnent à la nature un
charme particulier. Nous arrivâmes bientôt au
but. La maison, il est vrai, avait quelque peu
changé de physionomie ; cependant il fallut la
contempler longtemps, puis ce fut au tour du
jardin, de la petite fontaine avec sa rocaille
tapissée de lierre, fontaine qui, elle s'en souvenait, donnait de l'eau chaude en hiver et de
l'eau fraîche en été. Ensuite, il fallut longer
tous les coins connus des environs : ici un
vieil arbre manquait à l'appel, là une cons-
truction s'était élevée ; puis on refaisait l'his-

torique des anciens jours, des anciennes émotions. Ainsi devisant on continua à monter ; la
solitude se faisait de plus en plus... La vieille
route abandonnée, mal entretenue, montrait
son squelette. Les énormes racines des vieux
arbres voisins, lui faisaient de raboteuses mar-
ches ; de hauts talus où les ronces, les ajoncs
et les genêts croissaient à l'aise, la bordaient
et montraient parfois de larges crevasses.
Si le manque de soins et de confortable se
faisait sentir sur la voie pierreuse et inégale,
en revanche le pittoresque y gagnait : branches et herbes, arbrisseaux de toutes sortes,
s'y épanouissaient dans une liberté sauvage où
la vie surabondait, et qui avait bien son
charme. Dans les endroits trop fatigants, les
frères soulevaient la petite voiture et la por-
taient avec précaution, afin que la voyageuse
ne sentît pas les aspérités du sol.

Mais les heures s'écoulaient impitoyablement ; il fallut songer au retour. Le soleil se
couchait dans toute sa splendeur ; de magnifiques bandes pourprées rougissaient l'horizon, des filets d'or formaient des nimbes lumi-

neux aux arbres et aux demeures agrestes.
Avec quel ravissement notre amie contemplait
ce spectacle ! Privée depuis plus de vingt-cinq
ans de la vue des magnifiques scènes de la nature, son cœur débordait d'admiration... des
phrases émues s'échappaient de ses lèvres ; des
élans de reconnaissance s'élevaient de son âme
vers le créateur de ce bel univers, et ame-
naient des larmes dans nos yeux, en faisant
naître le remords dans nos cœurs pour cette
indifférence, cet égoïsme avec lesquels nous
jouissions de tout cela, nous, tous les jours, à
toute heure, sans que, souvent, hélas ! nos
âmes s'élevassent. On sentait qu'une voix,
dominant tout le reste, chantait en elle avec
le prophète : « Que sera, Seigneur, le lieu de
« votre gloire, si cette terre n'est que votre
« marchepied ? » Comme nous ne voulions
troubler ni ses souvenirs ni son émotion, nous
parlions peu, la laissant tout entière à la
jouissance inespérée qu'elle éprouvait, nous
contentant, le plus souvent, de communiquer
avec elle du regard et du sourire.

Il n'est pas d'explorateur de terres incon-

nues, qui soit revenu plus radieux et plus
riche d'un voyage de découvertes : elle avait
tout vu et tout retenu... Cette promenade fut
pour elle le thème de causeries animées où le
paysage revu servait de fond aux scènes non
oubliées de son enfance. La fatigue provoquée
par un déplacement si inusité et aussi par
l'excitation joyeuse de son esprit, se fit sentir
pendant longtemps; mais ce n'était pas payer
trop cher une pareille joie, elle l'eût mise encore à bien plus haut prix et bientôt elle rêva
de nouvelles sorties pour l'été prochain. Cette
possibilité de changer de place ouvrit la car-
rière aux projets, et son hiver fut égayé de
pensées et de plans remplis de charme.

De tout temps elle avait aimé à s'occuper
des reposoirs; chrétienne convaincue, elle eût
voulu que partout les trônes de verdure fussent dignes de celui qu'ils devaient recevoir;
aussi travaillait-elle au projet d'autel longtemps à l'avance. Elle saisissait toute idée
propre à ses plans, appelait chacun à l'action, stimulait les tièdes, dirigeait tout doucement les trop pressés, sauvegardait les amours-

2**

propres, le tout sans grand bruit de paroles,
faisant agir avec une habileté délicate les bons
sentiments dans chaque cœur et l'affection
qu'on lui portait. Toute sa récompense extérieure consistait alors à jeter un regard avide
sur l'étroit sentier donnant sur la large rue où
passaient les processions : des bannières, des
formes blanches entrevues et c'était tout. Mais
lorsque la nouvelle voiture fut essayée et qu'elle
eut paru aussi commode que possible, tout
naturellement l'idée de l'employer pour procurer à notre chère malade le beau et pieux spectacle de quelques-unes de nos fêtes religieuses
vint à tous ; elle-même en fit le but de ses rêves
pendant la mauvaise saison ; car, grâce à Dieu,
elle avait le grand avantage de jouir par l'espérance aussi bien que par le souvenir.

Mai avait revêtu sa couronne de fleurs
printanières, quand, le jour de la Sainte-
Enfance, Élise dûment installée dans sa petite
voiture, vit passer, sous son regard souriant
et affectueux, une longue file d'enfants gais et
parés ; elle les suivit à l'église et reçut avec
eux la bénédiction du pasteur, un ami. Depuis

de longues années l'eau bénite n'avait pas touché son front dans le temple.

Mais Juin lui réservait la belle procession du Saint-Sacrement, spectacle si émouvant pour les cœurs chrétiens. « Vous ne savez pas « comme je me soigne, nous disait-elle ; je « prends des précautions, j'évite même les « plus petites émotions, de peur de n'être pas « bien pour le beau dimanche. » Pour nous, nous faisions des vœux afin que le temps fût splendide ce jour-là.

Il se montra enfin tel que nous le demandions tous. Elle désira se lever de bonne heure afin de pouvoir assister, comme elle le disait, à la toilette de la ville. Bientôt, en effet, les rues se tendirent de blanc. Les garçons des blanchisseries apportaient les toiles, principal produit de l'industrie locale, et là, au moyen de petites fèves, les attachaient aux cordes suspendues aux murailles des maisons, puis aux bouleaux qui formaient une avenue avant chaque reposoir. Tout de suite ce blanc vêtement donnait un air de fête; aussi comme le sourire devenait permanent sur les lèvres d'Élise

en suivant l'empressement de chacun à mettre
à sa place tout ce qui avait été préparé pour le
reposoir de son quartier ; on en appelait à son
goût, à son appréciation, elle indiquait l'un et
l'autre avec le tact et l'amabilité qui la distinguaient.

La veille on avait apporté dans sa chambre
la toile qui devait faire le sujet principal du
reposoir : la Pâque d'Emmaüs.

C'était au déclin du jour, déjà les ombres
du soir commençaient à combattre les lueurs
du crépuscule ; on plaça le tableau à proximité
de la fenêtre de la malade et dans la position
la plus avantageuse pour sa vue.

L'artiste avait été heureusement inspiré ;
les personnages, de grandeur naturelle, par-
laient.... la tête du Christ surtout était réellement lumineuse.... elle se détachait radieuse
de son nimbe ; ses beaux yeux bleus élevés au
Ciel, exprimaient une bonté infinie, une mansuétude divine.... un mélange de surprise et
d'admiration se lisait sur le visage des deux
disciples. Ce beau groupe aux tons clairs auquel un fond sombre donnait beaucoup de

relief, produisit sur notre amie un vrai saisissement : « C'est comme une apparition ! »
s'écria-t-elle.

Lorsque, le lendemain matin, il fut posé
dans l'encadrement de verdure sombre qui lui
avait été préparé, elle en jouit pleinement,
non plus avec le saisissement de la veille, mais
avec recueillement et douceur.

Elle aimait aussi à voir répandre et arran-
ger avec art la pavée, comme on dit par ici.
Ordinairement on attend la fête du Saint-
Sacrement pour la coupe des buis qui bordent
encore les allées des jardins d'où la fantaisie
est exclue et où les carrés symétriques con-
servent leurs droits de vieille date. Avec ces
émondes de buis, on trace la route que doit
parcourir le Bon Dieu et on garnit le milieu
avec force roses, coquelicots et bluets ; on
ajoute aussi des masses de roseaux. C'est à
qui fera la plus belle feuillée devant sa porte.
Il y a des mains qui mettent parfois à ce travail un savoir-faire charmant. Au milieu des
bordures de buis, ce sont des cœurs, des
ancres, des croix, des ostensoirs, des noms, etc. ;

les couleurs artistement variées se marient avec les arbres verts et les blanches toiles. Enfin tout est prêt, les bougies sont allumées, l'encens fume, on entend au loin les tambours....

Décrirons-nous ici la procession que chacun sait ? Oui, il nous est si doux de nous appesantir sur ces joies, sur ces beaux rayons de soleil qui vinrent pendant deux courtes années illuminer et réchauffer le cœur de notre amie ! Oui, il nous est doux de suivre son regard, de sentir son émotion pieuse. Tous ceux qui vivent beaucoup par l'âme, le comprendront.

Voici le suisse dans toute sa majesté, suivi des petits garçons des pensions marchant sur deux files ; au milieu la Croix, escortée des enfants de chœur et les bannières des écoles. A leur tour, les petites filles suivent dans leurs blanches toilettes. Là notre amie échange plus d'un sourire affectueux, elle a des connaissances parmi ce jeune monde. Après les pensionnaires ce sont les jeunes filles, les membres de la Société de Marie avec leurs bannières et leurs cierges. Puis l'aspect change, voici les pompiers dans leurs costumes

d'apparat et les sapeurs à la barbe imposante.
Après viennent les membres de la fanfare
de la ville, portant fièrement leur bannière,
couverte de médailles gagnées aux concours.
Élise y jette un coup d'œil complaisant,
aucun des succès de sa petite ville ne lui est
indifférent. Mais le sourire s'efface pour faire
place au respect.... voici les thuriféraires et les
enfants de chœur aux corbeilles remplies ; les
pétales odorants volent de toutes parts... enfin
celui que sa foi et ses désirs attendaient avec
amour, bénit son front longtemps courbé !...
Elle le relève cependant, pour suivre la foule
respectueuse et parée, qui marche après
le dais, et là encore, plus d'un regard, à la
fois attendri et joyeux, vient la chercher du
milieu des rangs.

Nous n'essayerons point de décrire les sentiments qui alors agitaient son âme et dont
l'émotion arrivait à la surface.... Il venait vers
elle avec des bénédictions, le principe de sa
foi et de son espérance !... Pour la première
fois depuis plus de vingt-cinq ans, elle se retrouvait sur son chemin triomphal ! n'y avait-il

pas là de quoi la rendre heureuse, profondément heureuse.... et pour bien des jours? car,
comme tous ceux dont la puissance de jouir
est profonde, il lui fallait du temps pour
savourer toute sa joie, la mesurer, pour ainsi
dire, et enfin en extraire tout le parfum.

Puisque nous sommes dans les rayons du
soleil qui vinrent, à certaine époque, réjouir
cette pauvre plante frappée, il le semblait,
d'un souffle si glacial, nous devons noter une
autre journée, la meilleure de toutes peut-
être.

Cette fois, une charmante petite chapelle
appartenant aux Dames de la Miséricorde
devait être le but de la promenade. Il était
convenu qu'Élise y assisterait à la messe et ses
amies s'y étaient donné rendez-vous. Les
sœurs la reçurent avec une affectueuse sollicitude, et la petite voiture entra dans la chapelle et s'arrêta non loin de la balustrade.
Bientôt elle fut entourée par de nombreuses
jeunes filles, des pensionnaires, tout heureuses
de voir Mlle Élise autre part que dans son lit,
par ses amies et par sa famille. Tout ce qui

l'entourait respirait la sympathie, depuis le
prêtre qui, à l'autel, allait la bénir, jusqu'aux
sœurs qui, de leur tribune s'unissaient à son
émotion pieuse et jouissaient de son bonheur.

La messe commença. Depuis nombre d'années, comme nous l'avons dit, la chrétienne
fervente, si remplie de foi, si attachée aux cérémonies du culte, n'avait pas eu la consolation d'assister au divin sacrifice : aussi quelle
émotion profonde, concentrée, inexprimable !
Quand elle parlait de cette audition : « Quelle
« joie, s'écriait-elle, et je n'ai rien pu dire ! »
Je le crois bien, l'émotion avait été supérieure
à toute expression... Mais celui qui lit au
fond des cœurs comprit son action de grâce
et l'agréa.

Au sortir de la chapelle, les sœurs lui firent
visiter leur jardin et embaumèrent la petite
voiture de fleurs. Elle devait revenir finir sa
journée là où elle avait si bien commencé,
dans la chapelle, en assistant au salut ; aussi
ce fut un « au revoir » qu'elle laissa.

Bientôt avec sa nombreuse et joyeuse
escorte, elle s'avança vers la demeure de sa

sœur. Le trajet fut long, car à chaque pas
elle était arrêtée, soit par son propre désir,
soit par des exclamations parties, ici d'une
fenêtre, là d'une porte. « Vraiment c'est
Mlle Élise...,» et chacun s'approchait, félicitait,
causait. Notre amie, heureuse de toutes ces
marques de bienveillance et de sympathie, répondait à tous avec cette bonhomie aimable
qui était un de ses plus grands charmes. Elle
aussi se souvenait, demandait des nouvelles,
s'intéressait à tout ce qui était dit, et reprenait sa marche en constatant les changements
survenus dans les rues, puis bientôt s'arrê-
tait de nouveau pour d'autres sourires, d'autres appels, aussi pour recevoir des fleurs.
C'était vraiment une marche triomphale, mais
qui ne soulevait que de douces émotions.
Souvent on voulait la faire entrer pour se reposer quelques instants, mais le temps qui
dans la joie a des ailes, pressait de continuer.
Pourtant il fut un seuil qu'elle dut franchir,
son jeune état-major eût jeté les hauts cris si
ce désir ne se fût réalisé. Enlevée vivement, la
petite voiture fut bientôt installée dans le par-

loir de la pension ; alors, on se mit au piano,
à l'orgue, on joua à la chère Mlle Élise des
morceaux, on lui chanta des airs de son mieux,
je crois même qu'on dansa.. enfin on la fêta
à la manière de la jeunesse, avec du bruit et
beaucoup de gaieté. « Laissez-les, disait-elle
en souriant, lorsqu'on voulait arrêter cette
expansion qui pouvait devenir fatigante pour
sa faiblesse..., laissez ces chers enfants me
fêter à leur manière. » Elle dut bientôt quitter
la demeure où son court passage devait laisser
une trace profonde.

Tout près se trouvait la maison de sa sœur,
elle y retrouva assez de repos pour savourer
sa joie. Ensuite elle regarda autour d'elle,
questionna, voulant fixer dans sa mémoire le
plus petit recoin de la maison, afin de pouvoir
suivre Désirée dans ses occupations. Elle prit
en famille son repas d'anachorète, reçut des
visites, jouit des étonnements affectueux que
provoquait son apparition, enfin elle savoura
pleinement le bonheur de se sentir aimée.

La journée avançait, l'heure du salut approchait. Élise suivit la route du matin et revint

à cette chapelle qui, depuis, prit une place si
particulière et si embaumée dans son souvenir.
Là elle fut encore entourée de son essaim de
jeunes filles. L'autel était paré lorsqu'elle
arriva, les cierges allumés ; alors, le prêtre
parut et les belles invocations au Saint Sacrement furent chantées avec un redoublement
de ferveur joyeuse, ce jour-là. La bénédiction
du Seigneur, avec quel bonheur elle la reçut !..
mais aussi, comme elle l'appela sur tous ceux
qui l'entouraient et dont plusieurs lui étaient
si étroitement unis par les liens de la famille
et de l'amitié !

Elle rentra enfin, l'âme tout imprégnée d'un
de ces sentiments de paix et de jouissance
d'une pureté exquise, qui traverse parfois le
cœur sans pouvoir s'y fixer longtemps. Lorsqu'elle revenait à cette journée plus tard,
toujours elle disait : « Cette joie a été complète, complète, entendez-vous ! tout y était ;
non-seulement je jouissais dans mon propre
cœur, mais je jouissais encore dans les vôtres. »
Elle disait vrai, l'intuition était chez elle sûre
et puissante.

Nous nous sommes arrêtée avec complaisance sur ces jours qui furent pour notre amie
de véritables oasis dans son rude chemin ; et
en cela, nous sommes sûre d'avoir suivi son
impulsion : elle évita toujours de charger les
autres de ses propres fardeaux, mais aucune
joie ne lui parut jamais digne de ce nom, si
elle ne la partagea.

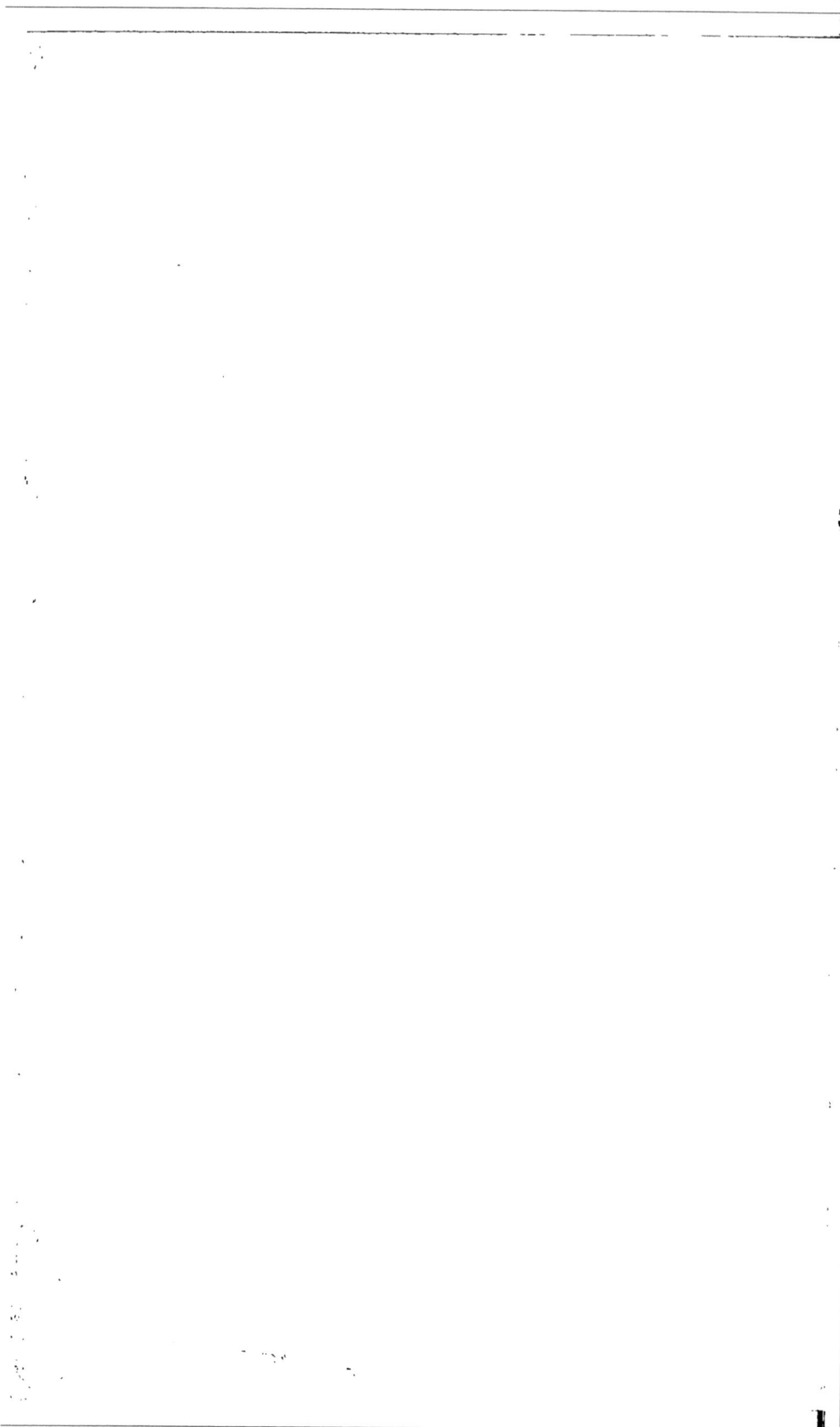

VI

> Il est dans ce monde des âmes
> privilégiées dont les espérances
> terrestres enfermées dans le tom-
> beau avec leurs pleurs, forment
> une semence d'où sortent des
> fleurs salutaires! Baume souverain
> pour les souffrances d'autrui.
>
> Mme STOWE.

Quelque modeste que soit le port où l'on a
jeté l'ancre après de longues années de tour-
mente, on ne doit pas compter y recueillir en
repos les épaves de ses espérances primitives ;
tout ce que nous possédons ici-bas est péris-
sable et le calme d'aujourd'hui peut sombrer
dans l'inquiétude de demain. Notre amie devait
en faire de nouveau la cruelle expérience.

Depuis de longues années sa sœur était
menacée d'une maladie de cœur, bientôt les
symptômes devinrent plus alarmants et enfin

elle fut obligée de s'aliter. La maladie se
déroula avec ses perplexités, ses alternatives
de crainte et d'espoir pour aboutir, hélas ! à
une catastrophe. Il serait impossible de décrire
les angoisses subies par notre pauvre Élise dans
ces jours terribles ! Jamais encore elle n'avait
autant souffert d'être enchaînée par la maladie.
Ne pouvoir être près de sa chère malade, quelle
torture ! car, quelle consolation n'éprouve-t-on
pas à soigner ceux qu'on aime ! à prévenir
leurs besoins, leurs désirs ! Et qui les eût
devinés comme elle ! Sans doute, les sœurs
qui veillaient Désirée étaient habiles et
dévouées, mais dans cette lutte avec un mal
sans pitié, n'eût-elle point été plus attentive,
plus clairvoyante encore ? Et cette caresse du
regard, cet appui du cœur, si chers aux
personnes malades, elle ne pouvait les lui
donner.

Il est vrai encore, les amies ne quittaient
guère le lit de douleur, elle les y renvoyait
aussitôt les renseignements pris !.. Mais
qu'il était douloureux de rester là, clouée dans
son impuissance, à attendre les nouvelles, à

épier les visages avec une anxiété dévorante !
Quel martyre de tous les instants !

Il était bien pénible aussi pour ceux qui
venaient du chevet de la malade, de soutenir
l'interrogatoire de ces yeux chargés d'une
indicible épouvante. On le savait, on aurait à
subir un rude examen : il fallait éviter l'arrêt
à la porte de la chambre, veiller sur chaque
fibre de son visage, sachant que celui-ci serait
interprété dès l'abord par le regard vif et
pénétrant que nous connaissions toutes. Il
fallait éviter, coûte que coûte, l'altération de
la voix, même quand les larmes grossissaient
le cœur ; on puisait cette force dans les
recommandations de Désirée qui, remplie de
courage et de résignation pour elle-même,
s'inquiétait vivement de sa sœur et la léguait
à notre affection.

Malgré les précautions prises, malgré le
courage du sourire ou du mot, Élise devinait
tout.... Ses questions devenaient courtes,
hésitantes, le silence pesait tout autour
d'elle.... ou bien, elle recherchait avec opiniâ-
treté un rayon d'espérance, et ce rayon elle

le demandait à tous, à Dieu surtout.... Il ne pouvait lui enlever sa sœur ! — Oh ! il ne le voudrait pas.... Elle ne disait pas ces choses, mais elles éclataient dans les frissonnements de ses muscles, dans les épouvantes silencieuses de son regard.

Et quand tout fut fini..... les premières amies qui vinrent près d'elle, ne purent que s'agenouiller auprès de sa couche et prendre sa main qu'elles tinrent longtemps serrée sans rien dire. Élise, après le premier regard, avait détourné les yeux, tout était consommé !..... Aucun bruit de paroles, de sanglots ne se fit entendre autour d'elle, les larmes coulaient silencieuses, avec respect, devant cette douleur trop profonde pour être consolée, autrement que par Dieu lui-même.

Longtemps nous craignîmes qu'elle ne pût survivre à notre chère Désirée, mais ce vaillant cœur ne pouvait être longtemps sans songer aux autres ; il lui restait une mère, des frères, des amis, et les premiers temps d'inexprimable angoisse passés, elle s'efforça de surmonter sa douleur pour travailler à adoucir celle des autres. « Il faut vivre pour ceux qui restent, » disait-elle un jour, en découvrant le secret de son énergie, et elle reprit ses relations avec un sentiment plus affectueux que jamais.

On l'a dit bien des fois : « la force vient du cœur ; » et chez elle, nous le savons, nul n'aurait pu sonder la profondeur de celui-ci. Cependant nous remarquâmes toutes que sa facilité à jouir dans les choses extérieures et secondaires, était irrévocablement atteinte. Elle s'occupait encore, lorsqu'on lui demandait avis, de broderies, d'ameublements, de toilettes, mais sans l'activité et l'animation qui la distinguaient autrefois, même dans les plus infimes détails. Elle aimait tant alors à passer de longs jours à broder un beau col à sa sœur et à la voir mise avec goût ! Toutes ses amies participaient également à ces aimables sollicitudes sur des sujets qui, quoique mis à la place qu'ils doivent occuper dans la vie d'une femme raisonnable et chrétienne, n'avaient jamais été traités par elle avec dédain ou négligence : « Tout, disait-elle, a sa

part d'utilité et d'influence. » L'entrain lui
manquait maintenant, et il lui restait seulement une bienveillante et patiente attention.
Les promenades elles-mêmes, véritables événements dans sa vie, perdirent la majeure
partie de leur attrait, elle ne sortit plus.
Toujours il lui avait fallu de longues journées
de repos et un intervalle très-prolongé entre
chaque promenade; mais le souvenir de la
jouissance qu'elle éprouvait alors, lui faisait
tout surmonter.

La mort de Désirée lui ôta le courage des
pénibles efforts qu'il fallait faire.

Les jouissances qui survécurent à toutes
les désolations de son cœur, furent celles
qu'elle puisa dans ses lectures.

De tout temps elle avait aimé les livres ;
lorsque, jeune fille, presque enfant encore,
elle prenait sur l'heure de ses repas pour
satisfaire ce goût, elle cherchait déjà dans les
écrits des réponses à sa pensée. Quand la
maladie, l'enlevant à ses occupations habi-
tuelles, eut établi une solitude relative autour
d'elle, ce goût se développa.

D'abord elle lut ce qui se trouva à sa portée, le sérieux et l'agréable seulement se mélangèrent ; jamais le malsain ou même l'inférieur ; son bon sens et ses goûts y furent dès le commencement diamétralement opposés.

Ce fut aussi le bon sens (uni au besoin d'ordre et de méthode, lequel exista toujours en elle), qui lui fit donner des heures fixes et régulières à ses lectures. Elle ne se départissait presque jamais de la loi qu'elle s'était imposée à cet égard, même lorsqu'elle était le plus vivement intéressée. Cette sagesse aida peut-être à lui conserver l'attrait littéraire qui persista jusqu'à la fin.

Avec l'exercice d'un jugement pénétrant et sûr, elle sut bientôt s'orienter dans un domaine qui s'élargissait de jour en jour devant elle. Elle s'attacha d'abord à un recueil mensuel, le *Journal des jeunes personnes*. Ce recueil fortement imprégné d'honnêteté et de vérité, et dont la rédaction, d'un mérite réel, offrait aussi l'avantage d'un goût sévère et épuré dans l'expression, lui servit de pierre de touche.

Elle aimait naturellement le sérieux ; les études sur le cœur humain agréaient fort à sa nature observatrice : mais il fallait que les ouvrages sur la peinture des caractères, unissent une forte dose de fidélité à une touche habile et au coloris, pour qu'ils prissent place dans ses lectures quotidiennes. Elle prenait également intérêt à la critique bien faite, pourvu que le mordant en fût courtoisement délicat. L'esprit avait pour elle infiniment d'attrait, il l'amusait, la défatiguait de ses pensées, surtout lorsqu'il unissait à une pointe finement aiguisée une tournure tout à fait française.

Mais les écrits dont l'attraction devait agir le plus vigoureusement sur ses sentiments et en même temps lui apporter une somme plus considérable de jouissances, furent ceux qui traitaient des aspirations supérieures de l'intelligence, des exigences et des besoins de l'âme humaine. Lorsqu'elle tombait sur un livre de ce genre, répondant à sa pensée, l'éclairant, lui expliquant ce qui était confus en elle, il restait longtemps sur son lit, elle le lisait

lentement, savourant à petite dose une nourriture à son goût, revenant sur les passages
peu compris ou oubliés, y songeant à loisir
et causant, des reflexions suscitées en elle
par cette lecture, à son entourage.

La philosophie purement rationnelle ne l'at-
tira jamais, il fallait que celle-ci s'alliât à la foi,
qu'elle marchât avec cette dernière dans les
sentiers que notre amie fréquentait depuis son
enfance et que rien n'eût pu lui faire déserter.

Quant à ce qu'on est convenu d'appeler
littérature proprement dite : l'agencement
habile et irréprochable des phrases, uni à
l'élégance et à la pureté des mots employés,
elle n'y était sensible qu'au cas où les pensées
se trouvaient de niveau avec l'expression.

Elle cherchait invariablement, impitoyablement le fond partout, dans le livre comme
dans l'individu. Il résulte de ceci qu'elle ne se
décidait à aborder que les compositions qui,
d'après le témoignage de ses amis, ou un rapide
examen personnel, pouvaient lui offrir un
intérêt réel et soutenu.

Elle lut ainsi les meilleurs ouvrages de notre

littérature contemporaine et plusieurs bonnes traductions. Elle rechercha peu les livres de dates trop éloignées de nous, elle préférait les palpitations du présent. « A chaque siècle sa pitié, » a dit un poëte : elle en était là.

Au milieu des écrivains qu'elle aimait, deux surtout prirent la place que l'on réserve aux amis les plus chers : ce furent le Père Lacordaire et Mme Swetchine. Son génie et sa sainte, comme elle disait quelquefois.

Les *Conférences* du Père Lacordaire ravissaient son esprit et sa foi, mais les œuvres de Mme Swetchine ravissaient son cœur. Les courts traités sur la Vieillesse et sur la Résignation de l'éminente étrangère, ses lettres, sa correpondance avec le Père Lacordaire : voilà des lectures dont elle ne se lassait jamais. Elle revenait à Mme Swetchine par un charme particulier, presque personnel.

Il y a entre les âmes du même ordre des affinités réelles. Entre la femme aristocratique et lettrée et notre ignorante amie, il y avait un point de contact qui éclairait celle-ci sur tout le reste : c'était la charité.

C'était cette chaleur vivifiante, animant les écrits de la noble Russe, qui découvrait à Élise jusqu'au sens le plus subtil d'une expression parfois trop raffinée. Au rebours de ce qui arrive ordinairement, la pensée lui expliquait les mots.

De véritables relations s'établirent entre ces deux esprits. Dans ces chers entretiens, Mme Swetchine expliquait à son modeste disciple les mystères de son propre cœur, elle lui rendait saisissables les aspirations de sa pensée, elle faisait enfin surgir en elle l'expansion; car notre amie avait vécu longtemps, presque seulement en dedans sous le rapport intellectuel, sans pouvoir manifester librement au dehors le travail intérieur que par des exclamations contenues, des phrases courtes, expressives il est vrai, mais où sa pensée ne pouvait se faire jour tout entière. Ceci provenait tout naturellement d'une langue encore pauvre à laquelle, l'instruction première ayant manqué, il fallait laisser le temps de s'enrichir.

Élise partageait toutes les angoisses de

Mme Swetchine dans sa sollicitude et ses
inquiétudes à propos de MM. Lacordaire et de
Montalembert dans les affaires de l'*Avenir*.
Elle connaissait, par expérience, ces mater-
nités d'âme si profondément remplies de
délices et parfois d'angoisses ; aussi avec
quel intérêt elle suivait le récit des diverses
péripéties ayant rapport à ce sujet, comme
elle s'associait aux anxiétés de la chrétienne,
les faisant siennes par l'assimilation. Ainsi
s'infiltraient en elle des sentiments, des puis-
sances qui la rendaient véritablement l'émule
de la noble étrangère.

Un auteur a pu dire avec vérité : « Ce n'est
« pas la splendeur de la mise en scène qui
« fait la grandeur du personnage, mais bien la
« profondeur de l'émotion qui l'agite. » Nous
pouvons dire aussi avec assurance que si
Mme Swetchine, par un de ces hasards que la
Providence ménage parfois, eût passé par la
modeste retraite d'Élise, elle eût vite reconnu
la parité du cœur qu'elle ne dédaigna jamais,
même parmi les plus humbles, comme le vrai
joyau de la vie.

Nous ne nous étonnerons pas maintenant du sentiment véritablement affectueux, s'attachant, pour Élise, à tout ce qui concernait cette dame ; aussi dans leurs voyages de Paris, ses amies cherchèrent-elles à lui rapporter quelques renseignements sur la sépulture de Mme Swetchine ; malheureusement trompées par le nom, elles cherchèrent à plusieurs reprises dans l'actuel cimetière de Montmartre la tombe qui était tout près de l'église de cette paroisse, Elles eussent bien voulu aussi lui rapporter un parfum de la rue Saint-Dominique, mais elles n'osèrent demander l'accès de la petite chapelle.

Avec la lecture, une autre jouissance survécut également aux séparations et aux tristesses de la vie : ce fut le vif intérêt qu'elle prenait à la conversation quand celle-ci sortait des lieux communs.

Nombreux étaient les sujets qui pouvaient provoquer son attention et lui offrir de l'attrait.

Les fleurs, les arts, la peinture surtout, les voyages, les découvertes, la politique, la littérature, les idées générales, au-dessus de tout le récit des belles actions (elle n'aimait pas le laid) étaient autant de sujets auxquels elle pouvait prendre l'intérêt le plus soutenu et le plus vif. Lorsqu'elle n'avait qu'un interlocuteur, elle donnait la réplique par des approbations ou des oppositions senties, souvent par des interrogations animées ; rarement elle tenait le dé de la conversation, à moins qu'elle n'y fût fortement provoquée et que le sujet en question ne fût particulièrement sien.

La moindre objection la réduisait à un silence momentané, car elle était infiniment trop modeste pour ne pas se soumettre d'abord aux raisons spécieuses, mais son jugement et le besoin de vérité qui la distinguait, lui faisaient étudier ce qui avait été dit, et, s'il y avait des côtés vraiment faibles dans le raisonnement, elle les trouvait, les faisait sortir de l'ombre, et toujours, par amour du juste et du vrai, y revenait à l'occasion.

Mais ce qui surtout lui était une véritable fête, c'était une discussion, ou même une simple conversation tenue près d'elle, par des personnes dont l'intelligence et les idées lui étaient sympathiques.

Elle n'avait garde alors de se mêler à la conversation, que sur un appel direct; elle aimait bien mieux écouter dans un calme silencieux. Du reste, sa figure attentive et souriante causait à défaut de paroles, elle suivait toutes les péripéties du débat et prenait le plus vif intérêt aux conclusions. Son attitude aidait à l'élocution, car on le sait, les écouteurs intelligents font les parleurs éloquents.

C'était surtout lorsque la conversation s'élevait dans les hautes sphères du patriotisme et de la religion que son âme passait tout entière dans son regard animé. C'était alors que l'émotion la rendait maîtresse de la difficulté de l'expression, et qu'elle trouvait de ces mots qui vous remuaient profondément.

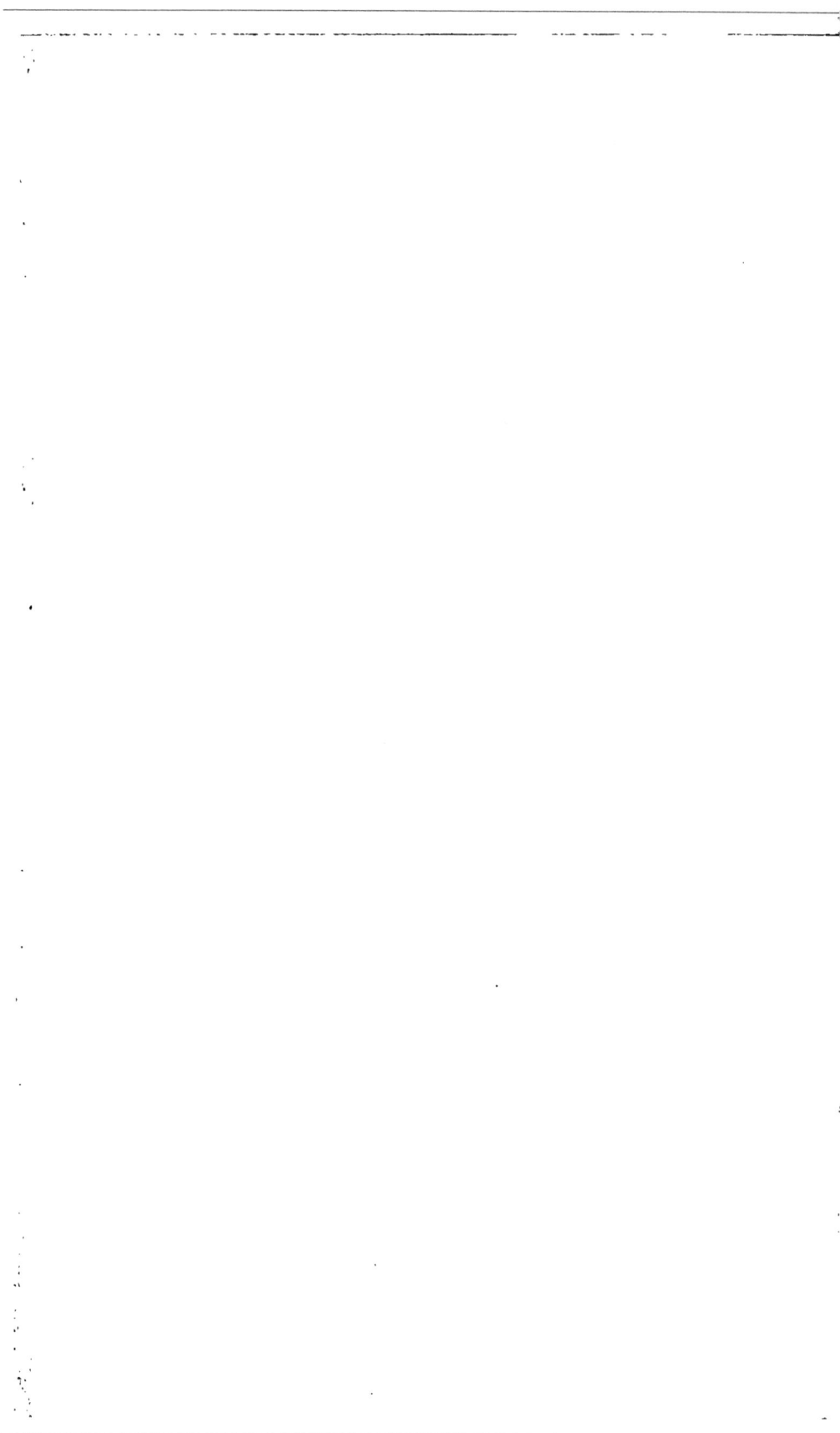

VII

> Les vertus de ceux qui ne sont
> plus semblent, comme les graines
> éparses de la fleur flétrie, prendre
> racine et germer dans les cœurs
> de ceux qui leur survivent. La
> mystérieuse influence des morts
> aimés est souvent plus bénie et
> plus efficace que les paroles des
> vivants.
>
> Mᵐᵉ STOWE.

A travers nos tristesses et nos joies, le temps
passe rapidement, apportant à la douleur des
adoucissements, mais aussi, étendant de plus
en plus, sur les joies humaines, le voile de la
mélancolie. Les tons vifs et colorés de la vie
sont alors doucement assombris ; ce sont les
ombres du soir sur les paysages éclatants du
jour ; ombres qui donnent à ceux-ci un charme
particulier et dont l'attendrissement volup-

tueux prédispose l'âme au détachement. Alors,
on reçoit la joie, comme une visiteuse aimable,
avec laquelle, on le sait, on ne peut avoir de
rapports durables, et on ne demande aux féli-
cités humaines que ce qu'elles peuvent donner,
les pauvres !... Si l'on jouit ainsi avec moins
de crédulité, de vivacité, d'un autre côté, on
le fait avec un sentiment de sécurité qui vaut
bien le reste, car on a étayé ces parfums terrestres d'immortels espoirs.

Une grande consolation était réservée à
notre amie ; un de ses frères s'étant marié, il
arriva que de petits enfants entourèrent son
lit, s'y assirent sans façon, dérangèrent impu-
nément journaux et papiers, exigèrent une
attention exclusive, agirent enfin, mus par le
sûr instinct des enfants, avec un despotisme
absolu. Elle les gardait, les amusait, malgré
l'extrême fatigue que lui occasionnaient leur
vivacité et leur bavardage. Pour eux sa
patience était inaltérable.

Elle avait toujours aimé les enfants, et tout
ce qu'elle avait éprouvé autrefois de maternel
pour ses jeunes frères et pour sa sœur, lui

réfluait de nouveau au cœur pour ses petits
neveux. Elle leur préparait des gâteries et des
jeux, racontait à l'aîné des histoires, et quand,
plus tard, celui-ci eût pu parfaitement les lire,
elle continuait encore : — « Il faut que je lise
« ceci, nous disait-elle, Julien aime mieux
« que je lui raconte cette histoire que de la
« lire lui-même. » Ainsi, elle les enveloppait
d'une tendresse touchante de laquelle sortaient
de douces leçons qui eussent aidé puissam-
ment à former leurs cœurs, si Dieu la leur
eût conservée.

Et toi aussi, ma petite Élisabeth, tu as perdu
une amie dévouée, un bon ange ! Qu'elle eût
été heureuse, notre bien-aimée Élise, de te
connaitre, de voir se développer tes jeunes
facultés... Mais du haut du ciel, elle veille sur
toi, et là son aide est plus puissante encore.

La vieille mère mourut ; ainsi les liens
terrestres se détachaient un à un, la laissant
brisée, mais soumise.

Avec les années et une lutte constante,
notre amie était arrivée à la maturité de son
amélioration.

Elle était née, comme nous l'avons dit, avec une nature ardente, portée à l'exclusion. Douée d'une grande sensibilité, le moindre tort envers elle l'atteignait vivement ; alors, même dès le commencement, elle recourait peu aux reproches, mais elle punissait par un froid de glace. Elle aimait profondément ; cependant, à l'abord, elle semblait peu disposée à étendre le cercle de ses affections ; mais lorsqu'elle eut travaillé généreusement à sortir d'elle-même, quel changement ! Quels vaillants efforts elle fit pour modifier ses dispositions naturelles ! (nous y reviendrons plus tard) elle y parvint : son cœur s'élargit, ses intentions s'épurèrent, et son influence devint de plus en plus conciliatrice et douce.

Restée jeune par l'esprit et par le cœur, elle se trouvait toujours ainsi au diapason de ceux qui l'entouraient. On n'avait point à craindre chez elle l'atmosphère hivernale ; au contraire, l'été et même le printemps du cœur y entretenaient la plus pure et la plus douce température ; aussi il lui arrivait parfois de trouver

les gens bien vieux, même des jeunes par l'âge,
et elle avait raison.

Élise n'avait donc rien perdu de la fraîcheur
et de la vivacité première de ses sentiments,
seulement elle les avait adoucis, réglés et
agrandis. Un charmant auteur suédois, mademoiselle Bremer, dit dans un de ses romans :
« Le cœur ressemble au ciel, plus il y a
« d'anges, plus il y a de places. » Notre amie
l'avait délicieusement éprouvé, et son champ
d'activité et de jouissances s'élargissait en
raison directe de toutes ses largesses sous ce
rapport.

La poste lui apportait les longues lettres
des amies éloignées ; de nombreux visiteurs
s'asseyaient à son chevet et causaient, d'eux
le plus souvent et de tout ce qui les intéressait ; les intimes lui racontaient jusqu'aux
moindres incidents de leur vie ; elle avait
pour tous des réponses et de fortifiantes
paroles.

Non-seulement elle faisait le bien sous sa
main, mais elle saisissait encore toute occasion d'en faire, par entremise, à ceux qui

étaient hors de sa portée. Quelques-unes des
amies qui l'entouraient, devinrent ainsi des
instruments pour sa généreuse initiative ; avec
quel tact et quelle délicatesse elle s'en servait !
Plus d'une heureuse solution à des difficultés
majeures, plus d'un résultat inespéré, furent
dus, en partie, à cette coopération invisible,
qui se tenait habilement et modestement à
l'écart.

Semblable à ces sources profondes et cachées
qui alimentent nos fleuves et nos rivières, et
que seuls le savant investigateur et l'habitant
du pays connaissent, le cœur de notre amie
était le réceptacle où l'on venait puiser le
courage et le dévouement. On s'assimilait ses
désirs, on s'imprégnait des souffles vivifiants
qui composaient son atmosphère, en s'asso-
cia nt à ses efforts. Ainsi sa parole et son
exemple donnaient cours à des expansions
généreuses qui projetaient au loin leurs forces
et leurs lumières.

. . . .

Mais, hélas ! depuis longtemps sa santé s'af-
faiblissait ; d'année en année, chaque hiver lui

apportait une souffrance nouvelle, et chaque
indisposition grave lui imposait un nouveau
sacrifice dans l'alimentation qui devint de plus
en plus insuffisante pour entretenir la vie. Il
lui devenait même pénible d'avaler sa salive
qu'elle digérait difficilement et qu'elle était
souvent obligée de rejeter. Le froid, le terrible
froid, avait sur elle la plus douloureuse
influence. Depuis quelques années on avait eu
beau matelasser les fenêtres, chauffer fortement
la chambre avec une petite cheminée, placée
non loin de son lit et qui donnait une chaleur
créant une atmosphère étouffante pour tout
autre que la malade, on avait eu beau l'entourer de boules d'eau chaude et de flanelle,
on ne pouvait la préserver entièrement des
atteintes du froid.

Ainsi le sang appauvri et refroidi ne circulait que bien difficilement ; il n'y avait plus,
disaient les médecins, que le cœur à éteindre,
et nous ne le pouvions croire....

Qu'il était lugubre pourtant, dans l'hiver,
l'aspect de cette chambre si gaie, si hospita-
lière, si attrayante, quand la lumière et le soleil

3**

l'éclairaient et l'échauffaient! Les fenêtres, rendues à peu près opaques par des coussins, ne laissaient passer qu'une lueur terne, à laquelle il fallait s'habituer avant de pouvoir distinguer notre pauvre amie littéralement enfouie entre les oreillers et les couvertures ; le froid se portait surtout à la tête. Le feu, triste, sans flamme, du coke, qu'elle préférait à celui du bois, comme dégageant plus de calorique, contribuait aussi à impressionner l'esprit de la manière la plus pénible.

Quel bonheur, quelle résurrection pour tous lorsque l'on voyait, aux premières brises printanières, se dégager d'abord les fenêtres, puis diminuer l'élévation de la chaleur et enfin aérer la chambre !

L'hiver de 1873 se montra particulièrement doux, et pourtant, aux premiers froids, Élise se trouva déplorablement atteinte. Alors à l'affection fraternelle, toujours en quête de moyens préservatifs, il fut suggéré l'emploi de doubles fenêtres, ce qui fut mis immédiatement à exécution, avec mille précautions pour fatiguer le moins possible notre bien-aimée malade ;

mais, hélas ! ses jours étaient comptés, et, ni le dévouement, ni les liens de l'affection la plus intense, ne purent la retenir ici-bas ! Les personnes qui la voyaient de loin en loin, s'apercevaient de son dépérissement graduel ; mais pour sa famille, pour ses amis auxquels elle était si nécessaire et qui ne pouvaient entrevoir seulement la douloureuse idée de la perdre, ils ne voyaient rien de tout cela... du reste, son expression si aimable, la sérénité répandue, plus que jamais, sur toute sa physionomie, éloignaient tous les fâcheux pronostics ; on le sait pourtant, le parfum des fleurs devient plus pénétrant et plus doux vers le soir... ; malgré tout, le dernier jour put arriver sans qu'aucun de ceux qui l'entouraient l'eût soupçonné ! Elle-même ignorait son état. Avec son habitude d'analyse, les douleurs qu'elle éprouvait et qui, peut-être, n'étaient autre chose que la mort graduelle de ses membres, lui semblaient être sa souffrance habituelle à la fin de chacun de ses grands malaises. La veille encore, vers le soir, elle disait à quelqu'un de son entourage :

« C'est la fin, je serai mieux demain.....
« Demain ! »

Ce furent presque ses dernières paroles,
avec une interrogation sur l'arrivée prochaine
d'une amie absente, hélas !

C'en était fait, beaucoup d'entre nous ne devaient plus revoir, contempler ce cher visage,
lire l'affection dans ces yeux si aimants !

Ah ! si elles l'avaient su au départ, combien
leurs adieux eussent été plus prolongés, plus
tendres encore ! Mais Dieu a pitié, et il nous
cache l'avenir qui renferme si souvent tant
d'amertumes !

On compte bien facilement sur les retours
heureux, et les êtres chéris qui nous semblent
si nécessaires à un grand nombre, nous les
dotons d'immortalité, même ici-bas... nous
oublions, dans notre égoïste amour, leur bonheur à eux ; mais Dieu se souvient, lui, et les
délivrant enfin, parfois contre leurs généreux
désirs, il brise les derniers liens terrestres
qui les retenaient encore pour les revêtir dans
l'éternel repos, de gloire et d'immortalité.

. . . .

La dernière heure était arrivée, notre
pauvre amie ne dut avoir conscience de son
état que quelques heures avant sa mort; car,
quoiqu'elle ne pût rien exprimer, on sentait
dans ses plaintes la conviction de l'approche
de l'heure suprême.

Elle rendit le dernier soupir le 10 décembre
1873, vers sept heures du matin, entourée
d'une partie de ses parents et de ses amis,
après avoir reçu les secours de la religion
dont les promesses avaient été son appui, sa
force et son inaltérable espoir durant les
épreuves si douloureuses de sa vie.

.   .   .   .

.   .   .   .

Lorsque ceux que nous avons particulièrement aimés, s'en vont, ils emportent quelque
chose de nous-même...... ils entraînent
après eux cette portion de notre cœur qui
leur a appartenu et c'est alors que nous trou-
vant ainsi appauvris, nous nous sentons si
malheureux ! si abandonnés !... car, nous
ne mourons pas tout d'un coup, oh ! non,
mais bien peu à peu sous l'étreinte de chacune

des mortelles angoisses qui se partagent notre
existence... Oui, chaque déception, chaque
rude atteinte de la destinée altère l'abondance
de vie qui circule en nous ; mais les séparations, surtout, comme elles nous enlèvent nos
richesses, nous laissant la pauvreté mélanco-
lique des solitaires, il n'y a plus alors qu'un
facile effort à faire pour délivrer cette faible
portion de nous-même qui reste encore et qui
aspire à retrouver son tout.

Par bonheur, une Providence miséricordieuse et bénigne à l'excès veut, en compensation, que nos chers morts ne partent pas
tout entiers, mais qu'ils laissent après eux le
souvenir... trace véritablement palpable d'eux-
mêmes. « Il y a des moments, dit madame
« Stowe, où la mémoire affectueuse des
« absents et des morts est comme une atmo-
« sphère morale qui nous enveloppe et nous
« pénètre. » Cela est vrai, profondément
vrai, qui ne le sait, et ne l'a expérimenté avec
les tressaillements d'un espoir indicible ?.. et
quand le souvenir ne nous rappelle que la
vertu, unie à une tendresse d'âme fortifiante et

douce, comme il nous enserre et nous abrite délicieusement !

O souvenirs lumineux et consolants, laissés par notre amie, restez avec nous, aujourd'hui et toujours ! Vous nous communiquerez, comme autrefois le faisait sa chère parole, son vouloir et sa puissance pour le bien. Vous serez encore le tribunal invisible, où notre conscience avertie et éclairée recevra le conseil et l'initiative ; où notre volonté s'affermira pour agir avec le courage et la hardiesse des intentions pures ! Laquelle d'entre nous, depuis notre séparation douloureuse avec celle que nous avons tant aimée, n'a pas dit bien des fois : « Que penserait Élise de ceci ? Comment agirait-elle en cette circonstance ? Ainsi l'amitié se survit à elle-même, ou plutôt elle se continue à travers la mort, couronnée d'immortalité !

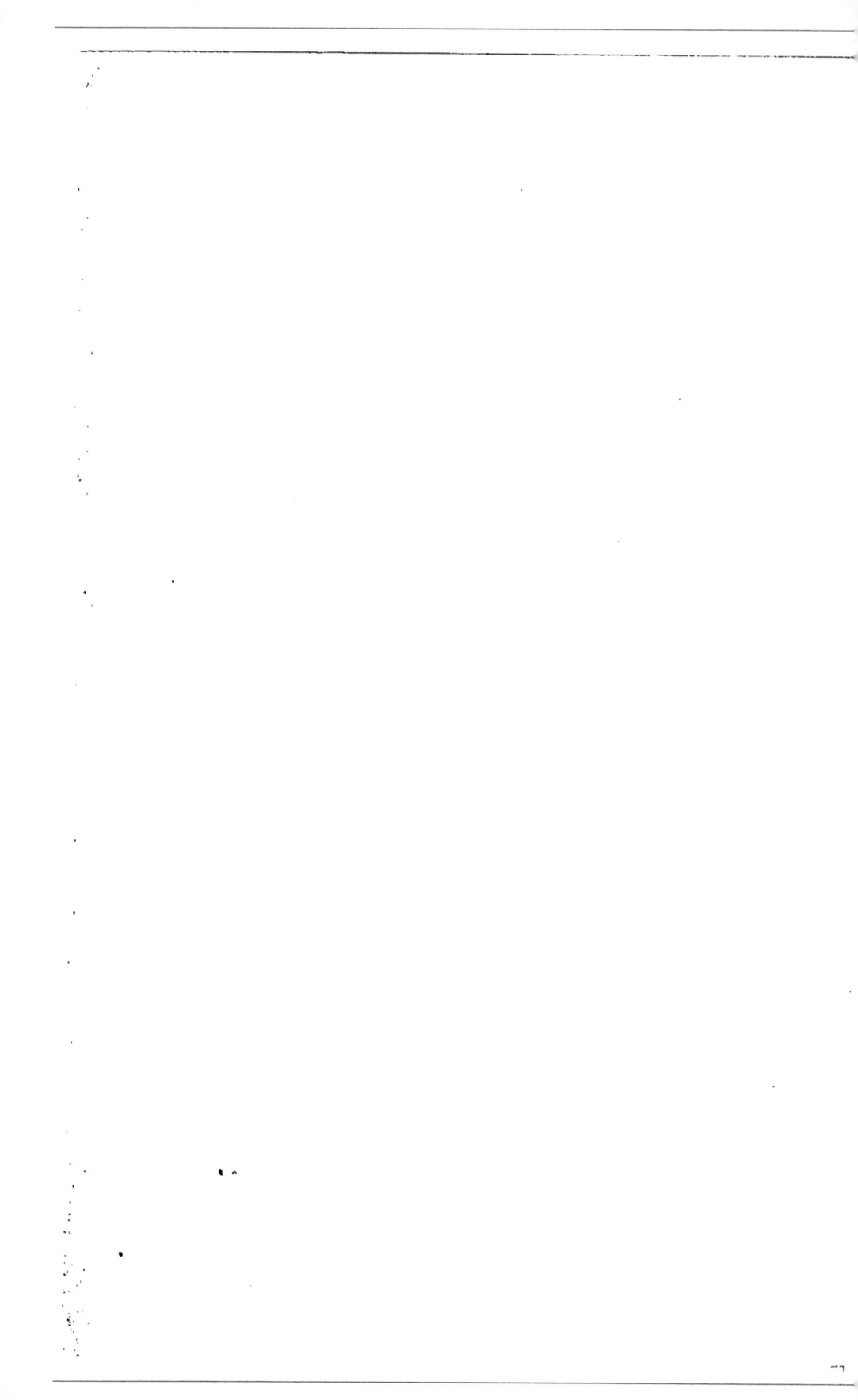

DEUXIÈME PARTIE

Ce n'est pas la splendeur de la
mise en scène qui fait la grandeur
du personnage, mais bien la profondeur de l'émotion qui l'agite.

E. SOUVESTRE.

Essayer d'indiquer la nature et le degré de
cette émotion dans le cœur de notre amie,
voilà tout le but de cette seconde partie.

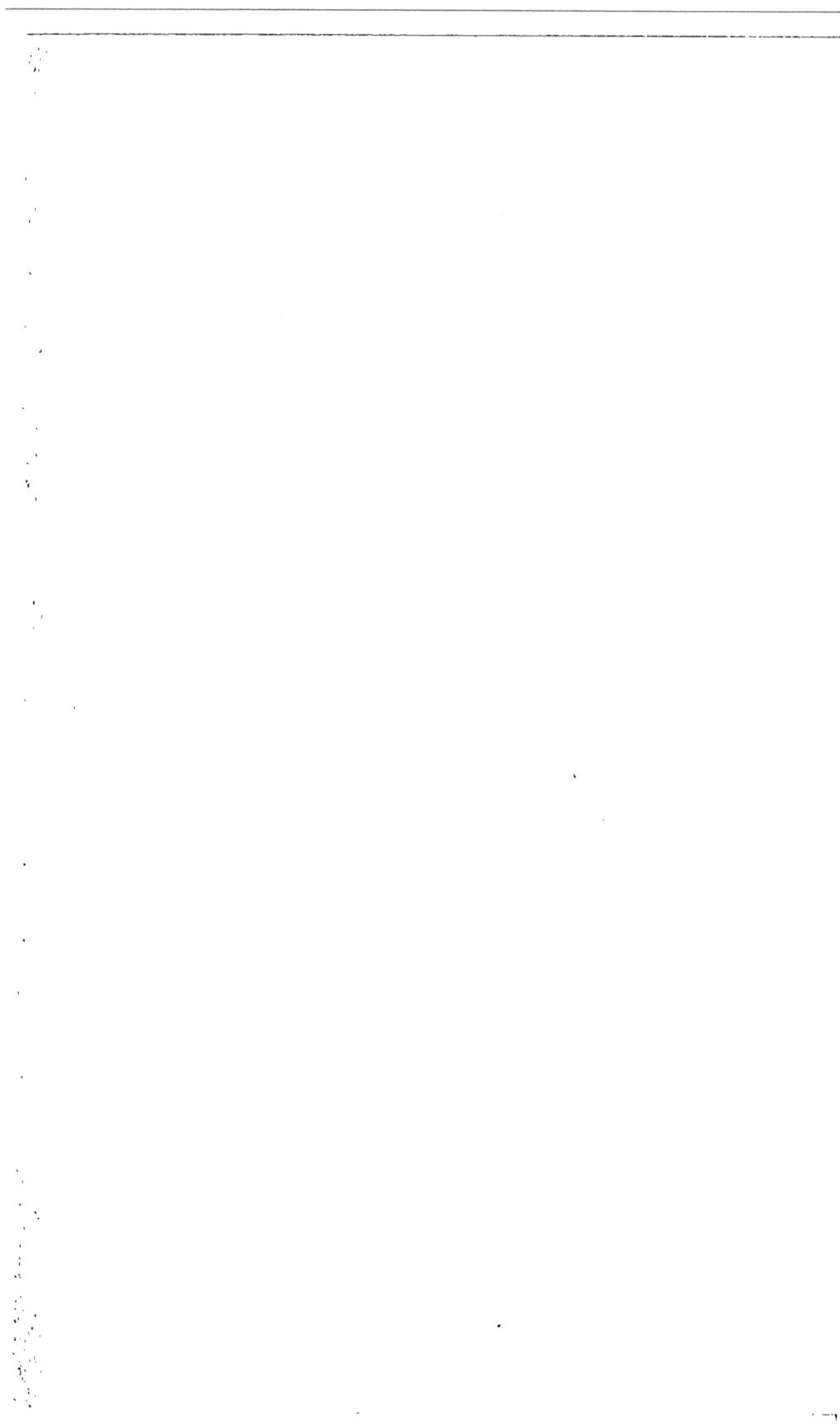

L'ARTISTE — L'AMIE — LA FRANÇAISE — LA CHRÉTIENNE

C'est une source abondante d'inspiration que l'honnêteté du cœur, que le désintéressement de la vie..... On ne sait pas tout ce qu'une âme scrupuleuse peut apporter d'autorité et de lumière à un esprit supérieur, a dit le comte Molé... nous nous permettrons d'ajouter : et même à un humble esprit.

L'ARTISTE.

> Le beau est la splendeur du vrai.
>
> PLATON.

Tout ce que Dieu a créé d'essentiellement bon et beau, il l'a rendu accessible à tous ; aussi y a-t-il beaucoup moins de différence qu'on ne le suppose, en jugeant à la surface, entre les sources de réelle grandeur et de bonheur véritable mises à la portée de toutes les créatures ; seulement, beaucoup d'entre elles ne savent trouver ni leur part de joie, ni celle de leur amélioration, toujours providentiellement offertes. Il n'en fut pas ainsi, nous l'avons vu rapidement, pour notre petite habitante de la Hunière. Sa nature, saine et

4

vraie, devait s'assimiler facilement tous les éléments nutritifs que Dieu avait placés près d'elle, pour commencer l'édifice de sa vie intellectuelle et morale.

La première source offerte à sa soif juvénile du vrai et du beau, ce fut, on s'en souvient, le spectacle des scènes variées de la nature. L'enfant lut de bonne heure dans ce livre ouvert à sa pensée. Son imagination s'éveilla à ce contact merveilleux et continuel. Levée avec l'aube en été, jamais elle ne fut sans admiration pour le spectacle des beaux matins, alors que la lumière, luttant avec les ombres de la nuit, teinte l'horizon de lueurs roses et nacrées, alors que la rosée emperle encore corolles et feuillages, et que le souffle de la vie circule avec une puissance rajeunie par le repos de la nuit, à travers les plantes et dans les poitrines humaines. Cet appel à l'activité et au travail l'armait d'une excitation joyeuse, qui, tout le jour, se faisait sentir en elle, soit qu'elle travaillât, soit qu'elle se récréât en promenant ses petits frères.

Les abords de Vimoutiers formés de petites

collines peu pittoresques peut-être, mais fort
riches et empreintes d'un certain charme
agreste, sont remplis de sentiers et de chemins garnis de hautes banques (terme du
pays), qui sont de vraies mines d'or pour les
enfants. On y trouve tous les feuillages de
la flore normande, depuis la feuille douce de
la molène jusqu'aux feuilles piquantes et ver-
nissées du houx. Et, en automne, saison qui
chez nous est souvent longue et belle, quelle
richesse de tons dans les haies et sur les larges
talus! Non-seulement le vert de toutes nuances,
mais le rose, le violacé, le rouge y donnent à
la nature le chaud coloris qui distingue les
paysages d'arrière-saison. Quel trésor de fleurs
aussi, au printemps, dans ce fouillis d'arbustes
laissés à leur indépendance et qui appartien-
nent naturellement à tous les passants, surtout aux petits enfants! Là se trouvent les
violettes, les primevères sauvages au parfum
léger, et surtout le coucou, le bienheureux,
l'odorant coucou, avec lequel on fait de si belles
pelotes! Là fourmilient nombre d'insectes
inoffensifs qui n'effrayent personne.

Quelles bonnes journées notre amie passa ainsi en plein air, dans le voisinage de sa demeure ! Quels attraits à chaque pas, auxquels le petit enfant est plus sensible qu'on ne l'imagine peut-être ! En hiver même, on cueille les prunelles acides, les rouges baies de l'églantier; on se fait des demeures, non sans peine, sous les berceaux inextricables des lianes, on se pique un peu aux ajoncs, aux épines, mais qu'importe, on rentre heureux et las pour jouir de ces bons sommeils de l'enfance qui font les joyeux réveils.

Plus d'une fois, Élise s'attarda à contempler une fleur, un insecte, une échappée de vue dont le charme la captivait instinctivement.

Un beau coucher de soleil la retenait déjà dans un silence admiratif ; elle jouissait de la grande magnificence des décors de la nature, et par leur vue, incessamment renouvelée, s'infiltraient en elle tous les éléments de la connaissance et de l'amour du beau.

Elle conserva toujours un souvenir attendri du parfum de ces heureux temps.

Le paysage de sa seconde demeure avait

quelque chose de plus peigné, de plus correct ;
cependant l'attrait s'y faisait encore vivement
sentir. La rivière, bordée de hauts peupliers,
où de beaux canards naviguaient, tantôt gravement, tantôt comme une troupe folâtre se
laissant aller à la rapidité du courant, ou bien
encore, balancés comme de légers esquifs sur
des récifs de cailloux ; une petite chute d'eau
qui, fière de l'écume qu'elle dépensait et du
bruit qu'elle faisait, se donnait des airs de
cascade ; le grand et beau jardin, bien cul-
tivé, les blanchisseries et les coteaux qui l'entouraient, pouvaient encore occuper et char-
mer sa pensée à laquelle les années et plus
tard la souffrance devaient apporter un redoublement de puissance. Les coteaux dont nous
venons de parler, riches et plantureux, aux
lignes correctes, n'ont pas les grands effets
qui attirent et frappent l'imagination, mais
l'œil attentif, l'âme contemplative de notre
malade, qui étudiait avec tant d'intérêt le plus
petit espace à portée de sa vue, y trouva toutes
sortes de beautés qui échappaient à l'œil distrait de tout autre.

Ce fut vers l'époque de l'installation de la famille dans l'habitation que nous venons d'indiquer, que l'un des plus charmants produits du sol, les fleurs, prirent pour Élise un intérêt plus marqué. Elle pouvait maintenant comprendre les besoins des plantes, les soins à leur donner et les fleurs cultivées partagèrent sa sympathie avec les fleurs des champs. Elle aimait à en voir les espèces variées se mêler dans les plates-bandes du jardin et aussi à se promener au milieu de ces gracieuses filles de la saison.

Rarement elle faisait des bouquets de celles qu'elle cultivait, elle préférait les laisser sur les tiges, caressées par les brises printanières et vivant toute leur vie.

Mais ce fut surtout lorsque la maladie l'eut réduite à un repos forcé et après que le temps des plus rudes souffrances fut passé, qu'elle marcha, à pas de géant, dans la voie du perfectionnement de son goût naturel pour le beau. Toute grande douleur acceptée amène une part proportionnelle de lumière; c'est un plan nouveau de l'horizon divin qui se

découvre au cœur résigné : ainsi en arriva-t-il
à notre humble amie. Le goût du beau puisé
dès l'enfance aux vraies sources : la Religion
et la Nature, s'épura merveilleusement en
elle ; à cette époque, ce qui n'était d'abord
qu'instinctif, devint bientôt consistant et rai-
sonné.

Elle commença à le rechercher dans tout ce
qui se trouvait à sa portée ; la petite chambre
que nous avons décrite porta bientôt l'em-
preinte de cette recherche. Ce fut un bouquet
de fleurs renouvelé chaque jour sur le petit
guéridon, une jolie gravure prenant place sur
la muraille, une petite étagère s'y incrustant.
Les ustensiles qui lui servaient, affectèrent
une forme plus élégante ; le peu de vêtements,
fort simples, à son usage ajoutèrent à leur soin
habituel une nuance de bon goût. Enfin tout
autour d'elle prenait cette harmonie, s'imprégnait de ce parfum que l'on appelle distinction. Et cette distinction n'était pas pour
elle un vêtement d'apparat, déposé à ses
heures, mais un vêtement de tous les jours
qui, peu à peu, se faisait à sa taille.

De longues années s'écoulèrent ainsi, pendant lesquelles la marche ascendante vers l'amour du beau continua sans interrúption ; et, à l'époque où elle s'installa dans sa nouvelle chambre de la maison neuve, il fut facile de mesurer la longueur du chemin parcouru dans cette voie. Si la recherche du confort n'avait fait aucun progrès, en revanche, le développement de l'attrait artistique en avait fait d'énormes.

La chambre était assez vaste, avec deux larges fenêtres s'ouvrant, l'une sur une prairie où dans l'été on étendait des toiles, l'autre sur le petit sentier qui conduisait à la maison. Deux étroits mais charmants coteaux formaient l'horizon.

Dans l'intérieur, une armoire, où chaque samedi la servante venait chercher le linge de la semaine ; une commode sur laquelle s'étageaient, à travers les livres, les petits souvenirs qui lui avaient été rapportés de voyage ; puis au centre un groupe en terre cuite, de Desbordes, grimaçant avec art au milieu d'images plus douces.

Sur la cheminée une pendule d'albâtre, accompagnée de deux coupes élégantes de même matière. Au-dessus, de chaque côté de la glace, sur papier de riz, des peintures chinoises, encadrées de bambou.

Près d'une des fenêtres (celle du sentier), et vis-à-vis de l'autre, était le lit de fer sur lequel depuis de si longues années elle reposait ses membres condamnés à l'inaction. Sur ce lit, nombre de brochures, d'ouvrages se casaient en ordre; l'*Imitation*, entre autres, ce doux livre, si indispensable à tous et plus encore à ceux qui souffrent, avait sa place particulière, toujours la même, sous la main, avec le livre d'heures et le chapelet.

Tout près du lit, sur la petite table, le verre contenant la fleur rare ou l'échantillon rapporté par les frères. En face, sur la muraille, vis-à-vis de son regard, une toute petite étagère garnie d'objets pieux et intimes. Entre les fenêtres, deux jolies gravures : la *Méditation* et l'*Enthousiasme* ; puis des chaises cannelées et deux petits et durs fauteuils recouverts d'un grossier canevas tapissé. L'un de ces siéges près du lit, afin que l'on pût s'y asseoir pour les heures d'intimité.

Enfin, sur les murs, sa vraie richesse, ses tableaux ! Des paysages normands pris tout près d'elle ; des *Coins de verdure*, des *Bords de rivière*, qu'elle se souvenait avoir vus, alors qu'elle marchait et qu'elle aimait déjà tant les grandes herbes s'enroulant avec les panaches des fleurs, les arbres majestueux, les beaux ombrages et surtout les rayons de soleil.

L'artiste avait fixé dans de petits cadres, avec autant de fidélité que de goût, les plus beaux sites du pays. Là c'était une chaumière à la toiture toute parsemée de mousses de toutes nuances, au faîte planté de joubarbes et d'iris en fleurs ; à la porte, un énorme rosier bengale la tapissait de verdure. Devant s'étendait le jardinet où fleurissaient la rose pomme et l'œillet de mai, et qui était enclos par une haie d'épines, dont le soleil du printemps dorait les jeunes pousses. Ajoutez une petite porte à claire-voie qui achevait de donner la couleur locale.

Ici c'était l'été dans tout son éclat. Le

peintre avait cherché l'ombre. Un chemin
creux, aux haies formant berceau, était tra-
versé çà et là par quelques vifs rayons de
lumière, dont les bandes dorées, passant sur
un large ruisseau d'eau vive, donnaient la
vie à tout un groupe de laveuses.

Plus loin, un vieux colombier seigneurial,
tout agrémenté de lierre, souvenir du pays,
toujours. Et ce chemin si profondément en-
caissé, où berger et moutons montent à qui
mieux mieux.

N'oublions pas notre bon vieux Vimoutiers
encore endormi dans ses brumes de décembre,
bien que déjà quelques cheminées commen-
cent à fumer et que son clocher ait percé vic-
torieusement le brouillard, présentant aux
pâles rayons du soleil d'hiver le double épi
de sa pointe.

Avant de quitter cette petite galerie, il nous
faut encore citer un groupe agreste de maisons
et arrêter notre regard sur ce bon vieillard
assis sur le seuil de sa demeure, pour contempler le déclin du jour et celui de la nature,
lesquels semblent refléter sa propre image,

car nous sommes en automne. Un regard
aussi sur cette rivière fleurie, que le soleil
fait miroiter et resplendir, et qu'il habille si
gaiement de campanules et d'orchidées.

Quelle fête pour la pauvre recluse à la
réception d'une de ces charmantes toiles !
Comme elle sentait la poésie de ces *petits
coins !* Et quelle sympathie elle éprouvait
pour le peintre qui savait si bien interpréter
la nature et mettre tant de choses, tant de vie,
dans des cadres si restreints !

Comme on le voit, si la nature était pour
Élise un reflet de cette beauté « toujours ancienne et toujours nouvelle, » dont parlent les
saints Livres, à leur tour, les tableaux qui
copiaient cette nature tant aimée, provoquaient
son enthousiasme. Ils se modifiaient et se
transformaient sous son regard à chaque heure
du jour, à chaque variation de la lumière ;
aussi dans les jours gris et ternes, elle en
détournait la vue et attendait le soleil. Quand,
par malheur, ces jours-là notre regard se fixait
sur les toiles, elle nous lançait bientôt une de
ces apostrophes qui lui étaient particulières et

lui allaient si bien : « Allez-vous point les
regarder aujourd'hui ? » Et vite, comme des
écolières prises en faute, nous nous détour-
nions.

Dans ce champ restreint que la maladie lui
avait fait, elle avait donc admirablement
appris à ne rien perdre des joies à sa portée.

Pour nous, quand nous jetions un coup
d'œil distrait à travers les deux fenêtres de la
chambre, c'était de la verdure en été que nous
voyions, parfois de la neige en hiver, et c'était
à peu près tout, mais elle, il fallait l'entendre
décrire tous les changements que subissait
sous son regard ce petit coin de terre : les gra-
dations de la lumière, les divers tons des
feuillages, les altérations des saisons, tout lui
était spectacle.

Enfin au-dessus des paysages, des gravures,
des souvenirs de toutes sortes, apparaissait
son rêve de longs mois réalisé : le ciel aux
hirondelles ! Sur un fond bleu animé de
légers nuages, le paysagiste ami dont nous
avons parlé, avait peint, avec un goût exquis,
une volée de ces charmants oiseaux, les uns

volant à tire-d'aile, les autres jacassant dans les angles.

Ici se place un épisode où l'on aime à reconnaître une de ces tendresses providentielles qui viennent caresser et réjouir de temps en temps le cœur de ceux qui souffrent avec douceur, tant le fait est peu ordinaire et tant il arriva à propos.

L'artiste, ami de la malade, qui s'était chargé du décor du plafond, désirait avoir des hirondelles, mais comment lui en procurer de vivantes, car c'était ainsi qu'il les lui fallait ? Un matin le plus jeune des frères d'Élise, étant dans le jardin, vit que celle-ci lui faisait signe de monter bien vite... il courut.. Tu ne devinerais pas ce que je tiens dans ma main, s'écria-t-elle à l'arrivée de son frère dans la chambre, « une hirondelle vivante !..... Elle « est entrée par la fenêtre du fond qui était « ouverte et est venue s'abattre près de celle- « ci, sur mon lit ; je t'ai appelé pour que tu « vinsses la prendre, mais, voyant que tu ne « m'entendais pas, j'ai essayé de le faire moi- « même et j'ai réussi sans aucune difficulté. »

L'heureux artiste, avec l'aide de son gentil modèle, put donc donner le mouvement et la vie à son œuvre.

Ce plafond fut pour notre amie une source de ces petites jouissances qu'elle savait si bien ménager et dont elle était si reconnaissante envers Dieu. L'une de nous se souvient de l'accès de colère comique et sérieux à la fois (c'était dans le commencement qu'elle jouissait de ses hirondelles), dans lequel elle la trouva, au départ d'une visite. Le soleil illuminait le plafond et donnait du relief et de la vie aux élégants oiseaux; le coup d'œil était vraiment ravissant, on s'attendait presque à entendre sortir de petits cris de ces belles petites têtes noires..... « Eh bien ! exclama-« t-elle, est-ce qu'elles ne jasent pas ? Figure-« toi qu'ils n'ont rien vu ! Et des gens qui « parlent art, poésie et tout le reste..... Ah ! « fit-elle bientôt par un de ces retours sou-« dains qui ne se faisaient jamais attendre, « ils ne comprennent pas; j'ai vu de pauvres « servantes avoir autrement l'instinct du beau, « quand, en entrant dans la chambre, elles

« me disaient en souriant : Oh ! comme il fait
« bon chez vous, Mademoiselle Élise ! »

Les fleurs, plus que jamais, partagèrent
avec les tableaux la douce mission de fournir
à ses jouissances. Dans la maison neuve,
comme dans la vieille maison, les longues
bordures de la grande allée étaient toujours
consacrées à ces charmantes habitantes de
nos jardins. De sa fenêtre, elle les contemplait, en observait la floraison, remarquait
les nouvelles venues et se fâchait lorsqu'on
passait près d'elles avec distraction et indifférence.

Plus d'une fois, il est arrivé à ses visiteuses,
au moment où elles s'élançaient afin de parvenir plus vite vers l'accueillant visage qui se
dessinait à la fenêtre, de faire un temps d'arrêt
pour regarder *consciencieusement* autour
d'elles et se mettre ainsi en mesure d'arriver
dans la chambre avec un petit bagage d'observations que l'on débitait de son mieux et
avec le plus d'opportunité possible.

Le tout était écouté avec cette bienveillance
légèrement moqueuse qui égaye sans blesser

jamais. Mais malheur à nous, si une nouveauté
avait passé inaperçue à nos regards distraits !
Il fallait répondre à quelque question dans le
genre de celle-ci, par exemple : « Que dis-tu
« de la nouvelle rose ? L'as-tu vue seule-
« ment ?... » Oh ! misère, si l'on restait
bouche close, si forme et couleur vous avaient
échappé ! Les plus habiles objectaient le désir
impérieux d'arriver vite près d'elle... Oh ! le
bon sourire malin alors !

Elle avait pu parvenir à communiquer ce
goût des fleurs à quelques-unes de ses jeunes
servantes, et le bouquet du guéridon était
parfois composé avec infiniment de goût et de
savoir-faire ; nous en avons admiré où le choix
des couleurs, l'agencement habile et le cachet
d'élégance eussent fait honneur aux meilleures
bouquetières.

Chambre aimée, doux retrait où se sont
passés tant de confidences, de nobles entretiens, élaborés tant de projets généreux, où
tant de paroles consolatrices, encourageantes
ont été dites, qui, d'entre nous, pourrait vous
revoir sans émotion ? Qui voudrait perdre ce

dernier parfum laissé par la fleur cueillie, trop tôt, hélas ! pour le jardin du ciel ?

Le goût en littérature ne s'était pas élevé moins rapidement vers les régions supérieures que dans le domaine des arts ; chaque jour, comme nous l'avons vu, Élise consacrait un certain temps à la lecture d'un de ces livres choisis où l'auteur devient pour celui qui le lit, un interlocuteur, plus, un ami.

Abonnée, comme nous l'avons dit, au *Journal des Jeunes personnes*, bientôt d'amicales relations s'établirent entre notre amie et l'éminente directrice de ce recueil, Mlle Ulliac (Tremadeure). La correspondance roula d'abord tout entière sur la composition du journal, et si Élise se montra toujours attachée affectueusement à ce recueil et reconnaissante des efforts de la direction pour le maintenir à un niveau élevé, où l'agrément le disputait au sérieux, elle conserva le courage de la critique, ne passant sur aucune défectuosité et toujours à l'avant pour susciter et demander des améliorations. Cette correspondance, ainsi commencée, devint bientôt intime,

confidentielle, les cœurs s'étaient entendus ;
la souffrance, noblement supportée de part et
d'autre, avait été le lien qui les avait unis. On
l'a vu, ce qui pour notre amie pouvait être une
source de jouissances, ne le devenait réellement qu'à condition de partage avec ceux
qu'elle aimait ; aussi par ses soins et sur son
désir, frères, sœur, amie, furent-ils mis à
même, dans leurs voyages à Paris, de visiter
cette femme remarquable, à la vie si éprou-
vée, et dont la direction intelligente, unie à un
beau talent d'auteur, faisait du *Journal des
Jeunes personnes* une publication précieuse
pour la jeunesse et pour tous.

Ainsi, par la lecture quotidienne de nos
meilleurs auteurs, faite avec tout le sérieux
d'une étude, notre amie, sans connaître aucune
des règles de la rhétorique, s'habitua si facilement à la pureté du style et à la beauté de la
diction, que bientôt elle ne put plus lire que
ce qui était réellement marqué au coin d'un
mérite incontesté.

Elle contracta alors l'habitude de copier sur
de petits albums les pensées qui la frappaient

par leur justesse et par la richesse de l'expression, ou bien encore, par quelque concordance avec ses propres sentiments. Elle extrayait ainsi les principaux parfums de ses lectures et les faisait siens. Est-il besoin d'ajouter que ces réserves étaient toujours ouvertes à l'amitié ; que chacune de nous pouvait y cueillir, à sa fantaisie, les fleurs à son goût ? Hélas ! depuis peu, nous avons reçu avec respect, une part de ces petits cahiers où sa belle âme revit toute entière.

Certains auteurs devinrent ainsi pour Élise de vrais interlocuteurs. Elle s'identifiait avec leurs idées, partageait leurs souffrances, les reconnaissait avant la signature, et s'informait à l'occasion de ce qui les concernait avec un intérêt réel.

Mais elle n'aima jamais les livres où l'auteur se plaît à montrer la société sous ses plus hideux aspects ; à fouiller, sous prétexte d'étude, tous les bas-fonds de l'édifice humain pour en faire surgir une lèpre horrible en chargeant souvent sa palette de couleurs assombries. Chaque jour, de la main et du

cœur, elle allait au-devant des misères morales et des misères physiques à sa portée ;
mais pour ses lectures, sa récréation, il lui
fallait du noble et du reposant.

Ainsi le goût naturel, aidé d'un sens
pratique éprouvé, se développait silencieu-
sement dans la simplicité et la monotonie de
ses journées. Elle montait aux régions intellectuelles, pas à pas, en humble pèlerine, l'œil
à l'horizon le plus rapproché, mais aussi,
endurcie aux pierres et aux ronces du chemin,
mieux que cela, intrépide aux obstacles et aux
chutes. Elle marchait souvent solitaire, parfois
avec des compagnons dont elle soutenait le
courage. Ce qui caractérisa toujours sa marche
vers tous les sommets, ce fut une patiente et
persévérante simplicité.

Alors il est arrivé que cette humble femme,
cette marcheuse à la journée est devenue
un jour une voix très-appréciée, dans les
questions de goût et d'art, un critique intelligent même parfois ; car, bien que sa pensée
s'inclinât presque toujours devant la parole
de ceux qui lui semblaient plus autorisés en

ces choses, elle retrouvait cependant bientôt, comme en littérature, l'indépendance de son opinion et les raisons propres à la faire valoir.

Son regard découvrait vite les défauts dans les détails et l'inférieur dans l'ensemble. Plus d'une fois des artistes furent frappés de la sûreté de son coup d'œil et de l'atticisme de son goût. Un d'eux s'écriait un jour devant nous : « Comment se fait-il que Mlle Élise, « avec une éducation première très-bornée, « un horizon de quelques mètres carrés, sans « aucune notion artistique, sans avoir visité « un seul musée, vu aucun chef-d'œuvre, « comment se fait-il que, dans de telles « conditions, Mlle Élise possède à un si haut « degré la puissance de trouver le beau et de « le sentir? » Il y aurait bien eu une réponse à faire, mais l'eût-on comprise? C'est une des grandes tristesses d'ici-bas de rencontrer des esprits parfaitement doués, grands admirateurs de toutes les beautés de la forme, et qui, sous cette forme, ne savent pas retrouver l'étincelle.... et là, pourtant, était toute l'his-

toire de notre humble amie : l'âme avait
élevé et spiritualisé tout le reste.

Sa réputation d'aimer le beau sous toutes
ses formes était si bien établie, que, s'il
arrivait, non - seulement parmi ses amis,
mais encore dans les familles des simples
connaissances, que l'on possédât une belle
gravure, un tableau de prix, vite il était
question de le porter chez Mlle Élise. De
même, si une fleur sortant de l'ordinaire
venait à s'épanouir, si quelque habile jeune
fille avait effectué un beau travail, enfin si
quelque produit de la nature ou de l'art se
recommandait par la perfection, on pensait à
lui en procurer le jouissance..... « Elle qui
aime tant les belles choses ! » disait-on.
C'était sous l'empire du même sentiment
qu'on lui amenait les étrangers en visite, les
voyageurs, causeurs pleins d'intérêt. Comme
on était largement payé de ces prévenances
de la bienveillance et de l'affection ! Elle
savait si bien jouir ! ses yeux rayonnaient si
doucement et vous remerciaient si bien du
plaisir que vous aviez voulu lui faire et que

vous lui faisiez ! elle écoutait avec tant
d'admiration les récits... tout l'intéressait si
fort et elle se souvenait si bien !

La source d'enthousiasme que nous avons
signalée en elle dès le commencement, s'était
donc enrichie, chaque jour, par les infiltrations
du dehors ; les plus pures émanations de la
terre, ses meilleurs parfums avaient fourni
leur contingent au travail personnel de son
cœur et de son intelligence, pour obtenir ce
résultat. Par enthousiasme, nous n'entendons
nullement ici l'espèce de force, plus factice
que réelle, qui nous emporte dans une voie
généreuse, sans réflexion et sans sagesse, et
qui ne tarde pas à retomber bientôt de toute
la rapidité de son propre élan ; nous n'entendons point non plus une vive lumière,
éblouissant d'abord les yeux, et qui, semblable
aux feux d'artifice, enfante à sa suite une
nuit plus sombre qu'auparavant; oh! non,
mais nous voulons parler de cet enthousiasme réel, de cette force vive, dont l'intensité voilée se dérobe souvent au regard,
mais qui se reconnaît à la puissance des

résultats, et plus encore à la constance des
efforts.

Le jugement, on le sait, brillait chez notre
amie au premier rang, avec les qualités qui le
distinguent : la logique et le positivisme des
déductions; seulement, comme tous les chrétiens convaincus, Élise avait déplacé les bases
apparentes de la vie, pour donner à la sienne
celles qu'elle croyait en être les véritables,
c'est-à-dire les promesses éternelles. Le po-
sitif, c'était donc pour elle une autre vie à
édifier ici-bas. Cette vie future, avec ses
espérances d'immortalité, ses promesses de
bonheur, lui apparaissait comme la vraie réalité
même terrestre. Ces espérances ne les avait-
elle pas vues émerger brillantes de jeunesse
du sein de la révélation et de l'aspiration
impérative de son propre cœur! et loin d'être
effrayée de la présence du surnaturel, elle s'en
était, sans tremblement et avec joie, sentie
imprégnée, fortifiée, surtout au milieu des
souffrances et des désolations.

Appuyée sur ces divines assises, elle voyait
passer devant elle toutes les formes de la

vie, non sans émotion, non sans en suivre toutes les péripéties avec une sollicitude et une tendresse infinie, mais au moins avec une âme tranquille. Ayant ainsi abrité sa vie à la logique de ce que nous appelons quelquefois l'Idéal, elle avait fait découler de ce principe toutes ses conséquences. Alors, il était arrivé qu'en cherchant l'aptitude à la vie éternelle, elle avait trouvé à un degré supérieur l'aptitude à la vie d'ici-bas. Elle avait pu en savourer les jouissances les plus exquises, en comprendre les grandeurs secrètes, les mystérieux attraits et, sans avoir jamais manié ni un crayon, ni la moindre guimbarde, elle eût pu s'écrier comme un des célèbres conférenciers de Notre-Dame (1) : « Moi aussi, « je suis artiste ! car, grâce à Dieu ! j'aime « tout ce qui est beau, tout ce qui est pur, « tout ce qui est bienfaisant et j'espère l'aimer « encore mieux dans le paradis ! »

(1) Le P. Félix.

L'AMIE.

> Pourquoi Dieu a-t-il donné une ombre au corps de l'homme? C'est pour qu'en traversant le désert, il puisse reposer ses regards sur cette ombre et que le sable ne lui brûle pas les yeux.
>
> *Maxime arabe sur l'amitié.*

« Il me serait aussi difficile d'être incré-
« dule en amitié que de l'être en religion, et je
« crois à l'attachement des hommes comme je
« crois à la bonté de Dieu. L'homme trompe et
« Dieu ne trompe pas, c'est là leur différence ;
« l'homme ne trompe pas toujours, c'est là
« sa ressemblance avec Dieu. » C'est ainsi
que s'exprime le Père Lacordaire sur l'amitié,
et nous, honorées de l'affection d'un aussi
grand cœur que fut celui de notre amie, nous

répétons ces bonnes et fières paroles avec
ferveur après lui. Mais, ici, nous ressemblons
au voyageur qui, arrivé à une hauteur privi-
légiée, voit se dérouler à son regard un magnifique panorama, dont les beautés diverses se
fondent en un tout si harmonieux, que nulle
beauté particulière ne se dégage d'abord à son
œil ébloui. Pour lui, la jouissance est là, il
est vrai, complète, oppressive parfois à force
d'intensité ; mais, s'il veut la faire partager à
ses amis de la plaine, comment s'y prendra-
t-il ? Il faudra nécessairement descendre, non
sans regret, à l'analyse, prendre chaque beauté
à part et laisser l'auditeur reconstituer suivant
la richesse de son imagination et sa puissance
de jouir. Ainsi, arrivée à l'étude de ce côté
lumineux de l'âme de notre chère Élise, nous
nous sentons oppressée par une émotion
profonde ; car n'était-elle pas, avant tout, une
amie incomparable ? Son âme en avait revêtu
les caractères les plus élevés, et séparer ces
caractères, ne sera-ce point les amoindrir ?
Heureusement que chacune des personnes
auxquelles ces pages sont destinées, porte

dans son cœur, ou du moins dans sa mémoire, les traits que nous voulons fixer ici, l'image respectée et chérie, qu'il nous sera bien permis de parfumer avec un soin pieux, ne fût-ce que de quelque baume sauvage.

Le premier besoin du cœur en amitié, c'est la facilité de pouvoir se confier. Notre amie avait tout ce qu'il faut pour faire une admirable confidente : discrétion, attention, jugement, tact, etc.

Pour l'attention, elle était complète. Jamais il n'est arrivé à nul de ceux qui mettaient en elle leur confiance, de la trouver une seule fois distraite, inattentive, ne leur appartenant pas entièrement. Elle écoutait avec un intérêt soutenu tout ce que vous aviez à lui dire ; il était rare qu'elle parlât avant que vous eussiez achevé, à moins d'interrogations faites pour éclairer le récit ; dans ce cas, celles-ci étaient presque toujours sans commentaires ; c'était seulement lorsque vous aviez tout dit qu'elle vous prouvait par des questions remplies de perspicacité, combien elle avait bien écouté ; c'était alors, qu'avec une sagacité bienveillante, elle faisait émerger du discours le véritable point culminant du débat. Sa parole douce, mais grave, mettait en pleine lumière l'écueil qui se voilait dans l'ombre, peut-être avec votre permission non avouée ; ou bien, avec un accent ému et courageux, elle dévoilait sans pitié, certaines hypocrisies de votre propre pensée. « Je ne sais comment cela se fait, « disait un jour une des visiteuses assidues « de la petite chambre, je reviens toujours « de chez M^le Élise plus contente des autres « et plus mécontente de moi. » Cette dame avait raison ; notre amie savait habilement évoquer et appuyer la voix de la conscience dans chacune de nous, et souvent l'entretien qui avait commencé par la plainte aigre ou violente contre les autres, finissait par la plainte humble contre soi-même..... et cela par un retour sincère sur ses propres intentions.

Ils étaient nombreux ceux qui venaient chercher près d'elle consolation et conseil ! Ils étaient de tous les âges, de tous les rangs ; la maîtresse et la servante étaient accueillies

du même sourire, écoutées avec le même
intérêt ; pour notre amie, l'âme humaine était
si haute et si noble dame, que le reste
importait peu. Jamais elle n'eut à se reprocher
de ces petites lâchetés si communes à tous ; la
position, la richesse, l'extérieur, n'obtenaient
une mention particulière de sa part que lorsqu'ils étaient recommandés par les plus indis-
cutables qualités de l'esprit et du cœur, et
alors même dans ce cas, lorsqu'il y avait lieu,
sa politesse aimable, presque affectueuse,
s'adressait encore à tous.

Souvent en tiers dans les familles, parfois
intermédiaire, un tact parfait lui faisait remplir ce rôle difficile avec une modestie si vraie,
que les vanités et les amours-propres devenaient simples et doux devant son action. Il ne
lui arrivait pas de compromettre une situation
par un mot maladroit, elle savait rester sur le
terrain de chacun et la sûreté de sa mémoire
ne lui faisait presque jamais défaut. Que de
choses oubliées par les principaux acteurs
dont elle se souvenait et qu'elle pouvait leur
rappeler à l'occasion !

Pour la sécurité dans sa discrétion, elle était si profonde parmi nous, que tout silence demandé sur une chose confiée ne l'englobait jamais; sur cette interrogation : « On peut le dire à Élise ? » la réponse était invariablement : « Sans doute ! »

Il y a ordinairement, dans les amitiés humaines, quelque chose de pauvre, d'inachevé, qui laisse je ne sais quoi d'âpre et de vide à certaines heures, même dans nos plus fortes affections; eh bien ! près d'Élise on n'éprouvait presque jamais cela. Rien qu'à l'entrée, le bon et beau sourire qui vous accueillait, vous réconfortait, même avant les premières paroles ; puis, surtout, vous sentiez si bien que vous aviez une place fortement établie dans ce cœur-là, place que rien ne pourrait vous faire perdre que votre propre volonté, et encore.... qu'un sentiment de stabilité lequel on n'éprouve guère ici-bas, vous inondait délicieusement. Ainsi notre amie était tellement sortie d'elle-même, qu'elle surabondait chez les autres. Aussi semblait-il que c'était un besoin impérieux d'aller déposer dans ce cœur ami

joies et tristesses. Il fallait sa sanction à tous
les projets, la consolation de son regard et de
sa parole aux chagrins et aux désolations,
l'émerveillement de son sourire à toutes nos
jouissances. Lui dire tout était un besoin, une
attraction inévitable. Que de choses qui ne
pouvaient être dites qu'à elle, et qui retom-
beront maintenant sur le cœur ! Oh ! tristesse égoïste et peu généreuse ! Mais posséder
un ami n'est-ce pas posséder un trésor? Alors
faut bien pardonner les larmes à ceux qui
l'ont perdu !

Si la confiance vous attirait près d'Élise, la
sympathie vous y retenait par les liens les plus
forts et les plus doux. Elle savait admirablement aimer ! L'affection chez notre amie
n'avait pas d'éclipse, elle ne sentait jamais
la fatigue ni le refroidissement, et elle vous
attendait toujours.

Oui, le cœur pouvait la trouver à toutes ses
heures. Était-il dans cette disposition heureuse où « plante délicate, il se nourrit de
« quelques gouttes de rosée, tombant çà et là
« du ciel pour lui, s'ébranle sous de légers

« souffles et est heureux pour des jours par
« le souvenir d'une parole qui a été dite,
« d'un regard qui a été jeté, d'un encourage-
« ment que la bouche d'une mère ou la main
« d'un ami a donné (1), » alors le regard
aimant et la parole sympathique ne lui man-
quaient pas.

Et de quelles délicatesses charmantes elle
savait vous entourer! Presque toujours ces
délicatesses vous arrivaient indirectement,
mais quand vous recherchiez la main qui vous
les avait préparées, vous trouviez la sienne.
Car, si elle cherchait et cueillait avec un tact
exquis toutes les jouissances à sa portée, elle
savait aussi bien les discerner et les mettre à
profit pour les autres. Chacune de nous pouvait reconnaître aisément, dans l'ampleur et
la variété de ces préoccupations aimables, sa
part réservée et toute particulière.

La prévenance empruntait un attrait de plus
à cette forte nature où toujours elle se voilait
d'abords dont la brusquerie seulement appa-

(1) Le P. Lacordaire.

rente, était un charme de plus. Elle mettait
presque la même persévérance à la réussite
de vos joies, qu'à celle de vos travaux : c'était,
ici, une ouverture aimable qu'elle vous ména-
geait ; là, une opinion favorable qu'elle avait
suggérée à votre profit, et dont les résultats
vous étaient doux ; puis, encore, une surprise
aimable, vraie caresse du cœur, vous arrivant
juste à l'instant opportun ; que sais-je, mille
industries en ce genre et des plus délicieuses.

Il faut encore remarquer ici un trait de
cette amitié si dévouée. Élise laissait très-faci-
lement tomber les petites misères à son
adresse ; et même, quoiqu'elle jouît vivement
de l'estime et de la bienveillance, elle pouvait
supporter avec la plus grande sérénité les
faux jugements sur ses intentions, les mé-
prises, la malveillance même ; eh bien , quand
ces choses atteignaient ses amis, elles lui devenaient très-douloureuses, et elle n'avait de
repos que lorsqu'elle était parvenue à redresser une opinion, à expliquer une situation,
à rétablir des faits erronés ; et elle agissait
ainsi, non-seulement par son amour inné pour

la justice, mais plus encore sous l'impulsion
tendre et généreuse de son affection.

Hélas ! il faut l'avouer, il nous était plus
doux de nous sentir aimées, non-seulement
dans les hauteurs de l'âme de notre amie,
mais encore dans la partie la plus humaine de
son cœur.

Mais c'était surtout lorsque quelque profonde douleur atteignait l'un de ceux qu'elle
aimait, que son affection se montrait dans
toute sa plénitude ! Comme alors elle souffrait avec vous, et, chose merveilleuse, à votre
manière, selon le caractère de votre chagrin.
A l'épanchement, elle répondait par les tendres, les consolantes paroles, et les cœurs
se dilataient. Au contraire, se trouvait-elle,
devant un de ces caractères où la douleur est
muette et fuit tout bruit de paroles : un serre-
ment de main expressif, puis un accent con-
tenu, mais d'une sympathie profonde, vous
attirait sur les terrains où l'âme s'élève et où,
dès lors, l'espoir et le calme renaissent.

Pour les petits chagrins, elle montrait également sollicitude et bonté. Heureusement le

nombre de ceux-ci dépasse de beaucoup celui des grandes amertumes, et c'était le plus souvent des tâches journalières dont on venait se plaindre près d'elle, des difficultés ordinaires de la vie ; des coups d'épingle, parfois plus insupportables qu'une vraie douleur. D'autres lui avouaient leurs heures de découragement, de faiblesse, d'ennui de la vie ! Parfois aussi, elle entendait des puérilités...... Elle avait un mot affectueux pour tout et pour tous ; elle savait faire entrevoir ici l'heureuse issue aux inquiétudes, là diminuer avec une douce autorité l'exagération d'une plainte.

Jamais elle ne se plaignait de l'égoïsme naturel à tous ceux qui l'approchaient, sans en excepter les intimes, égoïsme qui faisait que l'on parlait de soi, continuellement de soi, à cette âme sereine qui n'occupait jamais d'elle-même. Si, parfois, au contraire, elle se plaignait, c'était lorsqu'on voulait lui éviter le poids de quelques-uns de nos fardeaux ; alors, c'étaient d'amicaux, mais vrais reproches à ceux qui voulaient souffrir seuls.

Oh ! oui, elle vous faisait penser à la belle
maxime qui ouvre ce chapitre : son affection
était bien pour le cœur une ombre rafraî-
chissante, et un refuge contre les vents
brûlants de la vie.

S'ensuivait-il de là une débonnaireté habituelle? non, son amitié n'avait rien de placide,
pas plus que sa bonté ; son rôle, comme pour
tout le reste, était l'action ; et la fermeté que
minaient l'ennui et les difficultés journalières
des détails domestiques, se retrouvait tout
entière, en face d'un des plus impérieux
devoirs de la vraie amitié : l'avertissement, au
besoin le blâme nettement articulé.

Pourtant, combien il lui en coûtait pour dire
des paroles sévères !

Lorsqu'il s'agissait de dissidences sérieuses
ou de torts graves, il lui fallait attendre que
les forces physiques le lui permissent. Elle
les disait alors, tantôt avec toute la délicatesse
et l'onction de sa bonne parole, en prenant
force précautions, tantôt avec toute l'énergie
de la vérité. Ces entretiens étaient pour elle,
dans son état de faiblesse, de véritables

secousses, dont sa santé restait ébranlée
pendant plusieurs jours.

S'agissait-il seulement d'une nuance mal-
saine (ceci pour les intimes), elle frappait
d'un trait vif et sans pitié. C'est ainsi qu'un
jour, après un récit où elle avait entendu
bruire les notes de l'orgueil, elle jetait à une
amie cette apostrophe, accompagnée d'un de
ses coups d'œil pénétrants : « Je ne sais si tu
t'arrangerais d'une seconde place ? »

Pour les petites choses, elle reprenait la
brusquerie légèrement ironique qui lui était
habituelle ; ainsi s'adressant à l'une d'entre
nous, à propos de préparatifs de reposoir qui
nous avaient réunies, elle lui disait, au milieu
de remarques plaisantes à toutes, où la vérité
se faisait jour en riant : « Toi, ma chère, tu
« avais l'air de porter ton amour-propre
« devant toi, comme un vase fragile, et ton
« regard semblait dire à tous avec angoisse :
« Oh ! prenez garde, je vous prie. »

La plus grande jouissance que nous puis-
sions lui procurer, c'était de la rendre fière de
nous.... nos fautes retombaient sur son front

et le courbaient.... Pourtant, c'était avec
indulgence, avec mansuétude qu'elle recevait
le récit de nos misères ; elle était devenue si
profondément miséricordieuse! Rien ne l'éton-
nait, ne la décourageait ; elle savait relever les
cœurs les plus abattus par de vaillantes
paroles : « les fautes, c'était bien là le lot de
« l'humanité, disait-elle, mais il fallait se
« relever ; » et c'est alors qu'éclataient les
ressources de l'amitié la plus dévouée et la
plus agissante. Trouvait-elle une opposition
persistante à ses soins, à ses conseils, elle
se taisait, mais seulement en attendant le
moment propice pour recommencer la lutte
amicale.

Nul ne se souvient parmi nous de lui avoir
vu abandonner quelqu'un de ceux qui étaient
entrés dans ce sanctuaire intérieur, où son
cœur donnait audience à ses amis. Rien ne la
séparait de vous, ni l'éloignement, ni les dis-
sentiments, ni les fautes même.

Le conseil, chez notre amie, revêtait les formes
les plus délicates ; le plus souvent elle procédait
par induction, indiquant dans quelques traits

rapides ce que son bon sens si pratique lui suggérait, effleurant les hypothèses probables, puis, lorsqu'elle avait fait ainsi tout doucement la lumière par un long et patient examen de la question, c'était avec une certaine timidité qu'elle vous ouvrait le chemin de la résolution à prendre, et encore, aussitôt, s'effaçait-elle avec un tact parfait, pour vous laisser le bénéfice de la fixer.

Le côté puissant de sa nature, celui qui aidait le plus peut-être à l'influence qu'elle exerçait, c'était une persistance dans l'espoir que rien ne pouvait altérer. Appuyée sur l'ancre divine, elle parvenait à vous communiquer une partie de sa foi, et toujours on s'en retournait d'un de ces chers entretiens, le cœur remis par quelque endroit. Il faut de l'immortalité dans tous les grands sentiments, tout ce qui finit porte avec soi une pauvreté qui ne pouvant satisfaire le cœur affamé d'éternité, ne peut aussi lui redonner la force et l'espérance. De là un auteur a pu dire : « Il ne peut y « avoir de réelle et efficace amitié qu'entre « deux cœurs chrétiens, car ils travaillent

« ensemble au bonheur de ne pas se quitter. »
J'ajouterai que l'amitié peut bien exister vraie
et profonde dans d'autres conditions, mais
alors elle manque de joie.

Un des plus magnifiques fruits de ces affections qui ont leurs racines dans les hauteurs
de l'âme, c'est l'expansion. Tous ceux qui
font partie des cercles où la sympathie, dans
sa beauté primordiale, rejette l'exclusion
comme un malheur et une infériorité, sont
toujours atteints d'une nuance de prosély-
tisme ; on est heureux de l'arrivée des nouveaux venus ; on les a attirés parfois avec ces
coquetteries d'âme plus charmantes et plus
pures encore que celles du cœur lui-même ;
on les a attendus de longs jours peut-être, et on
leur fait fête.

C'est ce qui arrivait dans le rayon dont
notre amie était le centre. Nous jouissions
toutes quand son influence prenait de l'exten-
sion. Pour elle, elle trouvait là responsabilité
et travail, mais cela n'effrayait pas son cœur
dévoué.

Dans un des plus touchants passages de son

beau roman contre l'esclavage, Mme Stowe met en scène un riche habitant du Sud et sa petite fille ; celle-ci supplie son père de lui acheter l'oncle Tom. Qu'en veux-tu faire ? dit Saint Clare, en lutinant son Évangéline bien-aimée. — Je veux le rendre heureux, s'écrie l'enfant ! Si on avait demandé à Élise pourquoi elle désirait de nouveaux amis, elle eût pu répondre : « Pour les aimer et leur faire du « bien..... et peut-être son cœur eût-il ajouté « tout bas, et pour en être aimée aussi. »

L'affection était pour elle le suprême bonheur d'ici-bas, mais elle n'exigeait, ne demandait jamais rien sous ce rapport, même à ceux à qui elle donnait le plus. Son amitié était véritablement un don gratuit, jamais elle ne s'informait du degré de réciprocité. Cœur craintif et fier pour tout ce qui lui était personnel, elle pouvait se blesser et s'attrister en silence, sous la froideur et l'abandon, mais se plaindre jamais !.... Puis, elle le savait, l'affection, comme le bonheur, n'est qu'une affaire de retour, il faut en donner, pour qu'il en revienne ; aussi pensait-elle toujours à faire d'abord sa part, toute prête à crier à ceux qui se plaignaient de n'être pas aimés : « Aimez « les premiers. »

Oui, lorsque le premier homme fut déchu de toutes les prérogatives de l'innocence, ce ne fut pas seulement le pain matériel qu'il dut gagner à la sueur de son front, mais aussi le pain de l'intelligence, mais aussi le pain du cœur.

Assis hier, avec une compagne chérie, au banquet d'une vie dans toute sa grandeur primitive, vie où la surabondance du beau, du pur, du puissant, l'inondait de toutes parts, fêté par une nature resplendissante de jeunesse et de fraîcheur, aujourd'hui, il cherche avec larmes les épaves de son bonheur brisé, il mendie les miettes du festin dont il fut naguère le convive royal. Dieu lui a dit : « Tu les « achèteras, » et depuis il travaille et gémit.

Mais de temps en temps des brises tièdes et parfumées, qui lui semblent venir de l'Éden, rafraîchissent son front et enchantent pour un moment sa misère, c'est que Dieu lui a laissé miséricordieusement quelque chose de la plus

grande de ses richesses : la faculté d'aimer et
d'être aimé... C'est alors que l'amitié, le meilleur des viatiques humains dans toutes les
circonstances difficiles de la vie, le soutient et
le ranime.

A ce parfum des régions supérieures, d'où
il est descendu, il reconnaît sa route et, s'ap-
puyant sur les compagnons que son cœur a
choisis, il oublie les fatigues du voyage et les
aspérités du chemin.

Mais la vraie amitié est surtout le fruit mûr
du milieu de la vie et la joie suprême des
existences consacrées à d'austères devoirs ;
dans la jeunesse, il entre dans l'exercice de ce
sentiment trop peu de sûreté, et souvent il s'y
mêle l'alliage de la vanité et de l'attrait extérieur. Le temps est un crible qui fait sortir
l'or vrai.

C'était de l'or, et du plus pur, que l'amie
dont nous voulons fixer ici le souvenir, a semé
à pleines mains sur la route qu'elle a parcourue
ici-bas en souffrant et en aimant. Et nous, com-
blées des largesses de ce grand cœur, nous
veillons sur le trésor qu'elle nous a laissé, avec

un soin jaloux, car, hélas ! ce trésor ne doit plus s'enrichir qu'à la source même, que dans la nouvelle et impérissable demeure où elle nous attend.

LA FRANÇAISE.

> La Patrie, c'est le lien qui unit les hommes dans une douce et forte communauté de langage, d'intérêts, de lois et de vertus ; c'est l'autel et le foyer domestique ; la liberté de la Religion et la sécurité de la famille. En un mot, c'est un point d'appui, le soutien de la société humaine.
>
> Mgr DARBOY.

Patrie ! Quel mot pourrait jamais soulever dans l'âme un sentiment plus puissant, plus tendre, plus fier, plus doux, plus impérieux, plus complet ! Patrie ! Oh ! tous les amours s'inclinent devant celui-là..... du reste, ne les renferme-t-il pas tous ? Toutes les passions s'agenouillent devant la passion glorieuse entre toutes ; passion avec ses douleurs, ses angoisses, ses triomphes et ses larmes, ses

tristesses et ses joies, ses fiertés et ses défaillances ; ses jours de jouissance infinie et d'af-
faissement désolé. Patrie ! quelle évocation
pour les yeux ! apparaissez-nous donc, sentiers, collines, demeures, que nos pas ont
foulés, que nos regards ont caressés..... et
quel enchantement pour les oreilles ! sonnez,
cloches aux vibrations sonores ou argentines ;
murmures harmonieux des campagnes, bruits
des villes, et vous surtout, intonations pures
et élégantes de la langue natale, faites-vous
entendre..... Oh ! parfum du pays, qui vous
remplacerait ?

Vous avez voulu parcourir d'autres sentiers, entendre une autre langue, la quitter
enfin pour quelques jours, la chère terre natale..... Mais voici l'heure du retour, la
vapeur fume, le train vole... Tout à coup les
battements du cœur s'arrêtent : *France !*
crie-t-on, et tous les yeux se mouillent, et
toutes les mains se tendent !

Ah ! ce n'est pas en vain que nous sommes
nés, que nous avons vécu, souffert et aimé
sur un coin de ce vaste monde, ce coin-là

sera toujours la plus grande partie de l'univers pour nous.

Dans les temps de calme, alors que les nations paisibles jouissent des biens de la paix, il semble aux âmes généreuses qu'elles voient la Patrie s'agrandir, les barrières s'éloigner et l'humanité tout entière devenir leur domaine ! Alors, au pôle ou sous la ligne, partout où respire un être humain, partout elles trouvent la Patrie..... Ce sont là des moments de dilatation puissante et d'heureuse harmonie. Mais à l'heure des luttes de peuple à peuple, quand les passions égoïstes s'entrechoquent, à l'heure surtout des grandes tristesse nationales, la Patrie se circonscrit, les limites se font, et la passion du patriotisme, moins pure peut-être, mais plus intense, atteint son apogée.

Nul cœur où ce mot, Patrie, soulevât de plus nobles sentiments que dans celui de notre amie, une concentration plus persévérante de pensées et d'efforts, un dévouement plus intelligent et plus complet. Elle aimait la France en fille perspicace, mais respectueuse

et ardente. Elle défendait notre caractère national envers et contre tous; et se plaignait
souvent, avec une certaine amertume attristée,
que nous disions bien facilement du mal de
nous : nous avions certainement de grands
défauts, nous étions vaniteux, par exemple,
(on le répétait assez sur tous les tons, ajoutait-elle), mais d'une vanité puérile et compro-
mettante seulement pour nous ; elle eût préféré l'orgueil du patriotisme, qui eût fait
couvrir d'un voile nos défaillances et nos
fautes.

Il serait difficile de noter ici tout ce que
cette passion du pays lui a procuré de jouis·
sances et, hélas ! de tristesses : pas un effort,
pas un pas de fait qui ne fût revendiqué par
elle à notre actif. S'agissait-il d'une mesure
sage, d'une heureuse innovation, d'une tenta-
tive glorieuse, fût-elle sans succès, elle en
faisait ressortir les bons côtés..... Le drapeau
de la France se montrait-il dans quelque entreprise généreuse, elle le saluait avec amour !
Il ne fallait pas lui parler avec ironie ou mé-
pris du Don Quichottisme politique attribué à

son pays, c'était pour cela que, malgré tout,
elle était glorieuse de lui... Car en dépit des
taches de son caractère, réclamait-elle, c'était
une noble nation, qui pouvait s'ébranler pour
autre chose que pour ses intérêts et qui,
parfois déçue, bafouée, entourée d'ingrats,
retrouvait sans cesse sa crédulité généreuse
pour marcher en avant, sans s'inquiéter d'être
suivie. Oh ! il ne fallait pas lui dire, même à
l'époque la plus désastreuse de nos malheurs,
que la France mutilée et amoindrie allait
enfin apprendre l'égoïsme politique, la sagesse
de la méfiance et peser toutes les questions
au poids de ses intérêts ; c'eût été là, pour elle,
la véritable déchéance et, Dieu merci pour son
cœur, elle n'y croyait pas.

Aussi, quelles indignations dans ce cœur
pour les esprits étroits qui font comparaître
les plus nobles questions du patriotisme à la
barre mesquine de leurs intérêts personnels !...
Quelle amère tristesse, dans ce même cœur
encore, à la vue des défaillances égoïstes de
ceux sur lesquels elle avait le plus compté ;
comme elle eût voulu pouvoir jeter en apos-

trophe à chacun d'entre eux ces beaux vers
de Schiller : « Autrefois ton âme était grande,
« ardente, vaste, le cercle entier de l'univers
« trouvait place dans ton cœur..... Carlos,
« que tu es devenu petit, que tu es devenu
« misérable, depuis que tu n'as plus que
« l'amour de toi-même ! »

Dans les heures communes de la vie, la
pensée se reporte surtout sur le coin de terre
où nous vivons, qui a été témoin de nos travaux et de nos épreuves, qui a vu fleurir nos
espérances et parfois couler nos larmes. C'est
la Patrie visible dans la grande Patrie que ces
lieux où nos affections sont attachées. Aussi
comme elle était normande notre Élise, et
combien Vimoutiers lui était cher ! Et surtout comme il lui fallait en être fière ! Lorsqu'on répétait devant elle le mot attribué à
Mme de Staël, à propos de notre petite ville :
« Une chenille dans une corbeille..... » il
fallait la voir se récrier. « La corbeille, bien,
« mais la chenille, allons donc, il y avait long-
« temps qu'elle s'était transformée !..... »

Quoique retenue dans son lit depuis de si

longues années, elle n'avait rien désappris de
la situation de sa ville natale, ni de ses environs. Les tableaux de sa chambre lui rappe-
laient les sites restés dans sa mémoire si fidèle.
les vieux chemins creux, les hautes banques,
les buttes rocailleuses, tout le paysage riant
au milieu duquel avait fleuri son active et
joyeuse adolescence.

C'était toujours avec un intérêt profond
qu'elle suivait tout ce qui concernait sa chère
petite ville : innovations heureuses, facilités
de commerce, améliorations administratives,
rien n'échappait à son regard bienveillant ;
rien ne lui était indifférent ; et, sans s'en dou-
ter, elle avait bien des fois répété et paraphrasé
en action le mot de Térence ; mais elle l'avait
fait en chrétienne modeste qui sait que la tâche
à notre portée est toujours celle qu'il convient
de faire.

La suprême jouissance, pour l'ardent patriotisme de notre amie, c'était de sentir l'union
dans la communauté des efforts. Le spectacle si fréquent, hélas ! de nos divisions
lui était infiniment douloureux ; aussi entre-

tenir la concorde autour d'elle, dans la mesure de ses moyens, était-il son plus cher désir. Elle était si joyeuse quand elle la voyait régner parmi ses amis, ses connaissances et même dans la ville !

Pour les reposoirs, pour les petites fêtes administratives, elle eût voulu le concours de tous. Souvent, aux reposoirs, nous l'avons vue rechercher l'aide de personnes dont les caractères difficiles la fatiguaient extrêmement, ou dont le travail était à peu près nul, mais cela ne l'empêchait pas de répéter : « Il faut « travailler ensemble, rien ne se fait bien que « lorsque chacun apporte sa part. » Aux fêtes du comice, elle fut enchantée parce que l'élan avait été si général, que chacun dans les rues avait fourni son rameau à l'édifice verdoyant. Elle aimait à dire, non sans une certaine fierté patriotique : « A Vimoutiers, on s'ébranle diffi-« cilement; mais lorsqu'on y est enfin par-« venu, on fait bien et complétement les « choses. » Elle avait raison, les caractères naturellement indépendants de nos Normands provoquent l'égalité, et l'égalité prépare

l'union des forces et des sentiments. Comme ils
ont pleine conscience de leur liberté, et qu'ils
montrent facilement au dehors la difficulté
qu'ils éprouvent à s'embarquer dans la fatigue
et les ennuis, une fois aussi qu'ils y sont ré-
solus, tout marche carrément, sans réticence
et sans arrêt.

Et lorsque ce sont des choses où le cœur
surtout est en jeu, l'élan est plus puissant
encore ; aussi les quêtes, les loteries pour un
but généreux réussissent-elles toujours.

Il nous faut, pour remplir le titre de ce chapitre, nous arrêter à la dernière guerre. La
plume et la pensée, surtout, voudraient bien
reculer, car là tout est douloureux et rien
n'est cicatrisé encore ; mais les émotions de
ces tristes années forment une page émou-
vante de l'histoire de ce cœur généreux, page
qui ne peut être lâchement omise par la peur
de souffrir.

Aura-t-on la guerre ? Ne l'aura-t-on pas ?
voilà ce que chacun avait sur les lèvres et dans
la pensée au commencement de cette malheu-
reuse époque... Élise, attentive aux nouvelles,

suivait avec anxiété les diverses alternatives
pour l'un et l'autre cas et se rattachait vite
à l'espérance quand la paix semblait devoir
l'emporter. Hélas ! on le sait, la guerre fut
déclarée, et, ce jour-là, la pression de sa main
nous apprit, mieux que des paroles, ce qu'il y
avait d'angoisses dans son âme ! Pourtant
comme tous, aveugles que nous étions, gâtés
par la fortune et par de récents triomphes, elle
espérait des victoires ; mais ces chocs san-
glants, ces deuils pour tant de familles, lui
oppressaient le cœur.

Bientôt arrivèrent les premières défaites.....
il fallait avouer que nous pouvions être vain-
cus..... la lutte prenait des proportions terribles ; des forces ennemies surgissaient de
toutes parts ; et nous, nous reculions..... Puis
il y avait des silences sinistres qui faisaient
frémir ! Parfois un rayon passait à travers ce
fond obscur, comme elle le saisissait alors !...
Souvent aussi venaient des visiteurs mala-
droits qui, trompés par la placidité habituelle
de son visage, retournaient le poignard dans la
blessure avec une cruauté dont ils ne se dou-

taient guère : incapacités, trahisons, voilà ce
dont on parlait, et avec force exagérations ;
car il fallait à notre amour-propre des raisons
plus ou moins plausibles pour expliquer nos
défaites. « S'ils savaient le mal qu'ils me
font ! » lui échappait-il parfois... et l'hiver qui
venait, s'annonçant rude et sévère... et nos
malheureux soldats dans la neige... puis les
impéritics des uns, les découragements des
autres...

Un jour pourtant, au milieu de ces temps
d'agonie où plus d'un cœur s'est brisé, on lui
vit un regard fier et presque heureux : « Lis
cela », dit-elle, en présentant un journal à
une visiteuse à son arrivée. Un vieillard illus-
tre, soutenu par son amour pour son pays,
s'en allait par les froids et les intempéries de
l'hiver, à travers les cours de l'Europe, pour
essayer de ranimer dans les unes le souvenir
des services rendus, dans les autres, celui des
solidarités politiques ou seulement humani-
taires... « Eh bien ! reprit-elle, ceci n'est-il
« pas d'un grand cœur et d'un bon citoyen ?
« on pourra ne pas penser comme lui, blâ-

« mer, si on veut, ses actes politiques, mais
« ne pas s'incliner devant ce courage, le plus
« difficile de tous : celui de l'humiliation, qui
« le ferait?... Pour moi, ajoutait-elle, je
« l'aime, car c'est un vrai Français. »

Si les plus fortes organisations furent ébran-
lées dans ces jours néfastes, combien plus
l'action terrible de la douleur agit-elle sur
l'état de faiblesse de notre amie ? Là où la
médecine trouvait qu'il y avait merveille de
voir la vie continuer, quels ravages durent
faire les émotions douloureuses et sans cesse
renouvelées de cette époque ? Quel chemin de
la croix pour ce cœur si rempli de patriotisme
et d'humanité ! Sedan la navra... des flots
amers la submergèrent... Oh ! cette matinée
du dimanche durant laquelle on apprit le dé-
sastre sanglant de l'armée, qui de nous pourrait l'oublier ! Qui n'a su, au moins une fois
dans sa vie, ce que c'est qu'un cœur navré ?
Ce n'est plus alors seulement une douleur,
quelque profonde qu'elle soit, qui vous saisit,
mais tout un immense flot d'amertumes qui
monte de toutes parts et avec lui un découra-

gement profond, un abandon de soi-même complet... c'est enfin une vraie goutte de la coupe des Oliviers... véritable agonie où le cœur n'offre plus de résistance à la mort, où il ne sait plus même espérer... et pourtant il n'y avait encore que du sang et des larmes, les fronts pouvaient se redresser et les cœurs s'élever en haut... hélas ! la honte devait venir et Dieu sait sous quels sombres aspects.

Dans les grandes catastrophes nationales, des courants de diverses natures s'établissent, provoqués par la douleur et le découragement. Chez les uns, c'est la tristesse de l'abattement qui ne donne pas de prise à l'espérance, alors on laisse les événements vous broyer avec une morne passivité. Là, au contraire, on veut réagir avec violence contre ces événements, on forme des projets insensés, on jette au vent des paroles fiévreuses, c'est un autre aspect de la douleur. Puis, enfin, c'est le courant terrible des colères sanguinaires, féroces, injustes du peuple, qui retrouve la mémoire implacable de ses vieilles haines, de ses méfiances, et alors, c'est de la

folie et la pire de toutes : le *delirium tremens*
des grandes ivresses populaires.

La Commune, le massacre des otages, por-
tèrent à notre amie un coup dont, hélas ! sa
santé ne se releva pas... « Oh ! la lutte fratri-
« cide, murmurait-elle, et devant l'étranger ! »
Pourtant le courage de la chrétienne survécut
à tout : « Prions pour les bourreaux, » put-
elle seulement dire à la nouvelle foudroyante
de l'exécution des otages... elle avait tant es-
péré que les malheureux n'oseraient pas tou-
cher à ces têtes vénérables !... Malgré tout,
lorsque, autour d'elle, on échangeait des paroles violentes, elle faisait taire.

Jamais, du reste, elle n'avait pu souffrir l'exagération du langage, et Élise alliait à cette délicatesse une extrême pudeur de la plainte ; aussi,
lorsqu'on parlait devant elle de la France perdue, à son dernier soupir, etc., elle se révoltait :
« Veulent-ils tenter l'ennemi d'achever cette
« moribonde ? » murmurait-elle.

Mais cette âme vaillante, foyer généreux,
qui pouvait réchauffer les membres où le
sang ne circulait plus, avait été mortellement

atteinte, et ce que n'avaient pu faire les douleurs particulières : la mort de parents aimés, celle d'une sœur, meilleure partie d'elle-même, la douleur patriotique le fit : le froid monta au cœur et son énergique volonté de vivre fut atteinte.

Cependant, comme nous l'avons dit, le courage demeura entier jusqu'à la fin, et jusqu'à la fin aussi, elle porta aux affaires publiques un intérêt que rien ne décourageait.

« Les événements ne sont jamais absolus, « leurs résultats dépendent entièrement des « individus ; le malheur est un véritable mar-« chepied pour le génie, une piscine pour le « chrétien, un trésor pour l'homme habile, et « pour le faible un abîme (1). »

Il en est de même pour les nations, les catastrophes publiques peuvent devenir parfois, pour l'avenir d'un pays, les éléments d'une grandeur et d'une prospérité supérieures à celles du passé..., cela dépendra du courage et du rapprochement de tous vers la Justice

_____

(1) Balzac.

et la Vérité. La France renferme énormément
de sources vives, Élise le savait, c'est pour
cela qu'elle espéra jusqu'à la fin.

Conservant de chers souvenirs et des sym-
pathies ardentes au point de départ, avec le
temps, elle avait fini par n'être plus que Française et par accueillir avec le même sentiment
reconnaissant tous les efforts faits dans l'intérêt national, de quelque côté qu'ils vinssent.
Le parti pris indiscutable ne lui semblait ni
logique, ni français, ni chrétien.

Après la signature du traité de Francfort,
alors que l'ennemi quittait lentement notre
sol (du moins la vue de l'uniforme étranger
avait été épargnée à la malade), alors, dis-je,
que l'on commençait à compter ses pertes, à
ensevelir ses morts, et à embaumer les mé-
moires méritantes, l'Alsace et la Lorraine prenaient place dans son cœur sous un voile plus
funèbre que celui de nos cartes, et sur l'autel
dressé aux héroïque provinces, elle exhalait
et concentrait la tristesse de son âme.

Au plus fort de nos désastres, dans ces
jours où les prières et les vœux eussent voulu

faire violence au ciel lui-même et obtenir des
miracles, une de ces femmes de générosité et
d'élan qui connaissent le prix des sacrifices
volontaires auprès de Dieu, conçut l'idée de
faire vœu d'abandonner tous ses bijoux pour
une œuvre de miséricorde ou de piété, si dans
la phase terminale de cette terrible guerre,
nous conservions l'intégrité de notre territoire.
Cette générosité trouva de l'écho dans notre
petite ville, et bientôt des adhésions nombreuses et empressées arrivèrent. Hélas! on
sait le reste, l'Alsace et une partie de la Lorraine nous furent violemment arrachées, et ce
vœu pieux et patriotique resta sans objet; alors,
les bijoux déjà déposés furent rendus.

« Pour moi, je n'aime pas à reprendre »,
dit dans cette circonstance une des plus généreuses donatrices, « gardez ce qui me con-
« cerne, bien sûr l'occasion se présentera
« d'utiliser ces objets. » Cet exemple fut
suivi par plusieurs dames, et ainsi il resta
certaines valeurs entre les mains de la dépo-
sitaire ; valeurs que, par circonstance et par
choix, on remit en dépôt à notre amie.

En effet, quelque temps après, l'idée première de faire une loterie de ces objets, fut reprise. Cette fois, le but s'offrait de lui-même ; ce fut naturellement l'aide aux Alsaciens-Lorrains.

Mais les temps étaient difficiles, les préoccupations générales, et chaque famille était appauvrie ; avec cela, la tristesse débordait de toutes parts, on dut attendre un moment plus propice.

Ce temps arriva à la fin. Avec le concours de ses amis, Élise obtint assez vite 600 francs ; c'est alors qu'elle conçut la pensée d'organiser une petite réunion pour le tirage de la loterie. Cette idée fit merveille et donna de l'élan ; les billets se placèrent avec facilité : bientôt la somme première fut doublée et triplée, alors on fixa le jour du tirage des lots au 2 février.

Après avoir obtenu du Maire l'autorisation d'organiser cette petite fête de famille, où tous les rangs devaient se trouver confondus dans un même sentiment de sympathie et de patriotisme, on se mit à l'œuvre.

Il s'agissait de décorer, sans grands frais, les murs de la Halle aux toiles, et de relever la monotonie d'une nomenclature de billets par un peu d'harmonie. Comme toujours, Élise trouva un concours dévoué parmi les artistes ses amis, et bientôt les murailles de la vaste salle se couvrirent de branches vertes, de draperies et de guirlandes. Un beau buste de l'Alsace entouré, avec goût, de verdure et de drapeaux, formait le centre de la décoration.

Le moment arrivé, une assemblée nombreuse et émue se pressait sur les siéges préparés.

Les musiciens avaient pris place sur leur estrade, et bientôt de mélodieux accords remplirent l'édifice tout entier. Après l'audition du premier morceau, M. le Maire, qui avait bien voulu accepter la présidence, prononça d'émouvantes et patriotiques paroles au milieu desquelles il ne put s'empêcher de faire allusion à celle qui, de son lit de douleur, savait si bien communiquer à tous l'énergie de son dévouement. Élise, quoique reconnaissante, regretta que l'on eût parlé d'elle ; sa personnalité lui paraissait si infime auprès de la grandeur des causes de l'émotion actuelle !... Puis, la réussite de ses efforts, c'était là la seule récompense qui convînt à son désir de l'ombre.

Après le discours, commença le tirage de la loterie, et chacun devint attentif à l'appel des numéros.

Il n'y eut point de ces lots choisis pour provoquer la gaieté : le rire, étranger au cœur, était encore trop difficile aux lèvres. Par intervalles, la musique se faisait entendre et embellissait la réunion déjà fort animée.

Une famille d'Alsaciens-Lorrains était venue se réfugier à Vimoutiers, on habilla convenablement les enfants pour le jour de la cérémonie. Puis, à un moment donné, ils chantèrent les adieux à la France, ce qui émut profondément ceux qui les entendirent.

Élise fut attristée que ce morceau eût été choisi, toujours fidèle à l'Espérance, elle eût désiré que ce sentiment fût exprimé dans une réunion qui, toute privée d'abord, empruntait à la présence de la municipalité et du clergé un certain reflet de manifestation nationale.

Le soir de cette petite fête où le sentiment public s'était retrempé avec force dans l'amour du pays, le chef de la famille alsacienne disait avec émotion : « Oh ! ce ne sont pas les se-« cours que l'on nous a prodigués qui nous « font le plus de plaisir, mais bien la sym-« pathie profonde que nous sentons dans tous « les cœurs. »

Malgré les petits frais d'organisation et les secours donnés, on put envoyer seize cents francs à Paris, à la caisse des Alsaciens-Lorrains.

Ce fut la dernière œuvre extérieure d'Élise, sa vie ne devait plus compter que peu de jours.

Bientôt elle alla vers la patrie sereine où la paix, l'éternelle paix habite....., où l'on ne compte plus ni barrières hostiles ni limites étroites... Patrie où tous s'aiment dans la sécurité merveilleuse d'un inaltérable bonheur !

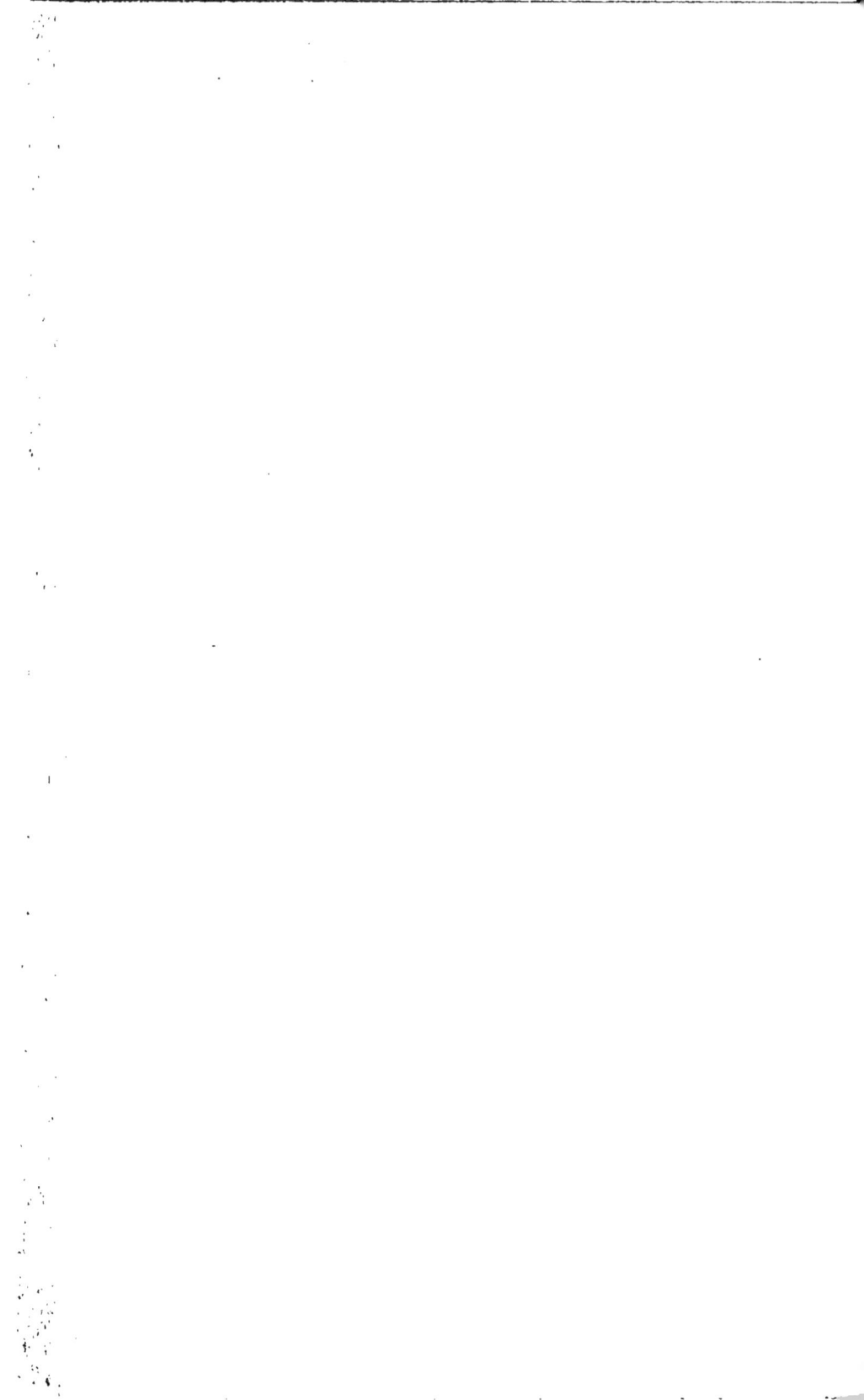

LA CHRÉTIENNE.

> Oui, nous souffrons tous ; mais
> nous souffront du chemin et non
> pas de la vie. La vie est abon-
> dance, joie, plénitude..... Sied-1
> au voyageur attendu par un amour
> infaillible de se plaindre de la
> route, de maudire le sable qui le
> porte et le soleil qui le conduit?...
> Pour moi, né dans la douleur
> comme mes frères, atteint comme
> eux des deux blessures de nos
> pères : le chagrin de l'âme et
> l'infirmité du corps, je bénis Dieu
> qui m'a fait et qui m'attend.
>
> P. LACORDAIRE.

Lorsqu'après une grande secousse, un grand déchirement, la personnalité s'accentue et s'affirme à nouveau, lorsque surtout la volonté a repris, avec le temps, non-seulement sa vigueur ancienne, mais encore une vigueur nouvelle et particulièrement agissante, elle se complaît d'abord dans ce retour de force, et en savoure avec délices la puissance ; cependant, bientôt elle tend à sortir du cercle étroit de son égoïsme et à chercher plus haut les jouissances de la dilatation. Mais alors elle est semblable à ces oiseaux dont les ailes mesurent une large envergure et, dès lors, ne peuvent prendre leur vol dans les bas-fonds, mais, au contraire, doivent atteindre pas à pas une hauteur, avant de pouvoir briser l'air de leur vol puissant ; ainsi l'âme doit gravir péniblement quelque montagne rocailleuse et ardue ; mais arrivée là, les ailes qu'elle ne se savait pas, frissonnant à l'air libre et pur, se déploieront bientôt ; alors, dégagée d'elle-même, elle planera dans une région plus élevée et deviendra susceptible de dévouement et de persévérance.

C'est alors qu'elle découvrira en elle des forces inconnues jusqu'à présent, qu'elle éprouvera des attraits supérieurs ; alors, enfin, qu'elle commencera à sortir d'elle-même.

L'âme dont nous essayons d'esquisser ici divers aspects, était parvenue à ce point culminant, non sans avoir marché péniblement à travers plus d'un rude sentier, non sans avoir laissé parfois plus d'une dépouille sanglante de son cœur, aux ronces et aux pierres du chemin.

Au sortir de sa longue et douloureuse maladie; après une lutte victorieuse sur la nature, la résignation, comme nous l'avons vu, lui rendit l'espérance. Nul être humain ne peut être condamné à une impuissance absolue, Elise le comprit par la Foi ; aussi des sentiments doux et patients l'animèrent bientôt, et elle attendit en paix le labeur que l'avenir saurait lui offrir.

Ce qu'elle vit d'abord s'étendre devant elle, ce fut le vaste champ des souffrances physiques et des privations continuelles et multipliées. Souffrances et privations n'effrayèrent pas son brave cœur ; elle avait, sous ce rapport, le courage d'un ascète. La plus grande preuve qu'on en puisse donner, c'est qu'elle parlait si peu de ce genre de souffrances, que tout le monde finissait par les oublier autour d'elle. Qui pensait que depuis trente, quarante ans et plus, elle avait pour toute nour-

riture un potage maigre le matin et une tasse
de lait à midi ? Qui songeait à ce que cette
nourriture, constamment la même, pouvait lui
offrir de répulsion, et pourtant il fallait absorber jusqu'à la dernière goutte de la ration
ordinaire, sans cela l'estomac ne lui permet-
tant jamais de rien prendre plus tard, il y eût
eu à redouter de cruelles défaillances pendant
la nuit.

Malgré cela, de magnifiques fruits apportés
comme spécimens, garnissaient les meubles ;
les plus beaux produits du jardin venaient
solliciter la louange de son regard ; elle s'occupait même, à certains moments, de petites
jouissances gastronomiques pour ceux qui
l'entouraient.

Qui songeait que ce lit, toujours si bien
dressé, si bien soigné, était quelquefois un ou
deux mois sans être fait complétement, tellement le moindre mouvement était douloureux
pour la malade ? Et les mille privations, et les
mille incommodités de chaque jour ? Son extrême crainte de déranger, de fatiguer son
monde, la faisait se priver souvent d'un objet

hors de sa portée...... et tout cela était jour-
nalier. Et les maux de dents, presque conti-
nuels, qui les remarquait le plus souvent et lui
faisait grâce d'une réponse ou d'un sourire?
Ajoutons encore ces longs malaises, plus fréquents dans les dernières années où elle était
des semaines entières sans pouvoir prendre
autre chose qu'un peu d'eau sucrée.

Elle souffrait en souriant, non avec l'orgueil
du stoïque, mais avec le courage d'une foi
éclairée, qui connaît le prix de la souffrance
et tout le fruit que l'on en peut tirer.

Beaucoup plus faible et beaucoup moins
cuirassée elle était contre les peines morales
si nombreuses qu'elle eut à supporter et dont
nous rappellerons ici les principales : luttes
intérieures et longtemps renaissantes entre
l'acceptation de la douleur et les regrets natu-
rels, inquiétudes et angoisses qui furent si
longtemps son partage, séparations cruelles et
privations douloureuses, etc. Sur ce terrain
aussi, elle remporta de nombreuses victoires,
non sans défaillance sans doute; mais, appuyée sur le bras de Celui qui fait la force

des faibles, elle répondit au *sursum corda*
que le ciel adresse incessamment à la terre.

Ce fut donc par la résignation et par le
courage qu'elle s'éleva dans les atmosphères
supérieures de l'âme ; mais, chose merveilleuse,
elle se rapprocha du ciel sans que, pour cela,
elle parût s'éloigner de la terre et s'en déta-
cher ; elle semblait, au contraire, l'entraîner
dans son élan ascensionnel. Presque toujours
les âmes dont le perfectionnement frappe nos
regards, nous apparaissent planant au-dessus
de toutes nos préoccupations humaines, à peu
près séparées de nos intérêts et de nos affections, ou, du moins, les jugeant de très-haut ;
chez notre Élise, cela n'eut jamais lieu : le
ciel et la terre étaient réunis dans le même
amour ! elle les considérait comme émanant
tous deux de la même main divine et généreuse : l'un récompense des travaux de l'autre ;
aussi ne se désintéressa-t-elle jamais de
quoi que ce fût, comme on a pu le voir. De
plus, elle paraissait comme les moins tra-
vaillés : nul n'était tenu à distance par des
apparences trop parfaites ; de petites imper-

.fections émergeaient même avec abandon à la surface, et c'était dans le cœur d'une compagne de faiblesse que l'on venait répandre le sien avec confiance. Mais, comme on sentait bientôt la force intérieure de ce cœur aimant qui, malgré les souffrances de toutes sortes et les plus nobles aspirations, n'a jamais désiré quitter ses compagnons de travail et de misère !

Sa perfection consistait surtout en deux choses : l'abnégation d'elle-même, unie à un immense courage pour souffrir, et la recherche assidue, persévérante, continuelle, de tout ce qui pouvait faire du bien aux autres, ou seulement leur être agréable. Cette tension de son esprit, ou plutôt de son cœur, concentra en elle un foyer latent auquel devait donner la plus forte impulsion — un songe ! oui, un songe... Les causes les plus futiles en apparence ont parfois paru déterminer les plus puissants effets. Il y en a qui ont trouvé l'énigme de leur destinée dans un mot jeté sans but, dans une phrase de livre répondant à la disposition intérieure ; d'autres encore, dans

l'étude d'une idée ou dans le spectacle saisis-
sant d'une harmonie de la nature. Pourquoi
le rêve ne pourrait-il point prendre place dans
ces prétextes d'influence fortuite ? Oui, à part
l'enseignement des événements et de la souffrance, il existe des causes intuitives dont
l'action se particularise à chacun de nous. Du
reste, comme nous l'avons dit déjà, ce ne sont,
après tout, que les formes apparentes de causes
dont la réalité est en nous. Élise avait une foi
profonde, elle croyait entièrement à l'action
providentielle, non impérative, non s'impo-
sant, mais s'offrant à notre liberté avec ce
parfum pénétrant de vouloir du bien qui la
décèle aux attentifs.

Au bout du sentier qui confinait à une des
fenêtres de sa chambre, se trouvait le seul
point par lequel elle avait vue sur le monde
extérieur; aussi le voisinage lui conservait-il
avec complaisance cet espace libre, en émon-
dant sans pitié les branches envahissantes aux
arbres qui bordaient le chemin. C'est là que
commença son rêve, comme toujours, par un
point que la mémoire conserve et qui bientôt

se transforme sous le pouvoir étrange dont l'imagination subit la loi.

Il semblait à notre amie que de nombreuses processions, sous divers costumes, passaient sous son regard dans le sentier... Bientôt celui-ci s'élargit démesurément et elle se trouva tout près de ces foules heureuses (DANTE) qui, marquées au front du sceau de l'immortalité, s'en vont joyeuses à travers les routes divines. Son âme, soulevée par le génie des songes, rendait ses sens perceptibles aux langues des mystérieuses phalanges; aussi, avide, elle écoutait et, plus encore, elle cherchait un regard connu : lorsque, tout près d'elle, elle reconnut une bienheureuse qui la fixait avec le regard magnétique du rêve. Élise osa l'interpeller sur les joies du Paradis : « Toi, lui « répondit-elle, tu seras plus élevée que moi, « parce que tu as plus de charité..... » Notre amie se réveilla sur ce mot, mais l'impression lui en resta profonde et durable. Celle qui écrit ces lignes n'oubliera jamais l'émotion extraordinaire avec laquelle elle l'accueillit ce jour-là, sans lui donner le temps

de parler : « Assieds-toi vite, dit-elle, et
« écoute ce que j'ai rêvé cette nuit...... » Et
quelque chose d'ardent, de résolu, étincelait
sur ce visage ordinairement si calme. On le sentait, son esprit si sage, si éloigné de toute super-
stition, avait ressenti un choc réel..... C'est que
le rêve avait frappé à une source jusque-là un
peu voilée, un peu timide, et qu'il en avait
fait jaillir un magnifique jet à la surface. Oh !
alors, c'était fini, elle appartiendrait tout entière à ce divin sentiment, sans peur, sans
retour sur elle-même, sans méfiance, à travers les difficultés, les humiliations, les mal-
entendus, enfin, elle oserait aimer par la
parole et par l'action.

Depuis ce temps nous remarquâmes, en effet,
en elle quelque chose de plus accentué, de
plus décisif dans les idées, et une fermeté plus
arrètée pour combattre les tendances naturelles susceptibles de nuire à cet esprit de
charité auquel elle voulait se donner sans
réserve.

Elle avait eu de tout temps un penchant
désastreux à concevoir des antipathies ; depuis

lors, elle travailla plus courageusement que
jamais à corriger ce défaut. D'abord, elle
s'attacha à faire disparaître toute marque
extérieure de répulsion, puis dans son cœur de
rudes batailles furent livrées. Nous l'avons vue
poursuivre de longues années ce travail,
jusqu'au moment où elle put s'écrier joyeuse-
ment devant nous : « Enfin, le cœur y est ! »

Elle s'était rendue plus vite maîtresse de sa
tendance naturelle à repousser les ennuyeux.
Elle était aussi gracieuse, aussi accueillante,
aussi attentive aux discours des visiteurs
prolixes, s'évertuant des heures entières sur
des lieux communs qui ne pouvaient offrir
aucun attrait à cet esprit si développé et si
délicat, qu'à ceux des personnes dont la conversation lui était une vraie fête. Et lorsque,
moitié par égoïsme, moitié pour elle, nous
lui disions presque avec humeur, au sortir
d'une de ces visites qui l'avaient laissée profondément fatiguée, mais toujours souriante :
« Ma pauvre Élise, tu leur as fait si bonne mine
« qu'ils reviendront. — Je l'espère bien, ré-
« pondait-elle. — A quoi cela te servira-

t-il ? » reprenait-on parfois. — « Peut-être
« à m'en faire un peu aimer ; n'est-ce pas
« toujours par là qu'il faut commencer ! »
Tout était là.... Elle ne se serait jamais cru
le droit de donner un conseil, de formuler
un reproche, si elle n'avait senti parole
et conseil secondés par un mouvement de
son cœur. Elle croyait avec le père Lacordaire
que l'on ne peut faire de bien à qui que ce
soit sans l'aimer, et ceux-là seuls savent aimer
avec une profondeur infinie qui, comme elle,
sourient à l'immortalité à travers la mort.

Lorsqu'une de ses lectures offrait à notre
amie un aliment à sa guise, elle y revenait
longtemps, savourant avec lenteur la page
aimée. C'est ainsi que dans un charmant
livre de Miss Commins, elle avait trouvé un
passage qu'elle relut bien des fois.

Il s'agissait de la description d'une gravure
intitulée *le Petit Pèlerin*, description faite
par une pauvre enfant que les infirmités
retenaient depuis de longues années sur un
petit fauteuil. C'est dans une pauvre échoppe
que la scène se passe, mais l'esprit du Sei-

gneur a visité la petite fille et les richesses spirituelles de l'âme brillent dans son regard et dans sa parole, pendant qu'elle explique à des heureux de la terre le sens divin de son tableau favori.

Le pèlerin s'avance sur une route ardue, les mains remplies de semences qu'il répand à chaque pas. Il est conduit par trois beaux anges : la Foi, l'Espérance et la Charité. Si devant lui, la route paraît aride et nue, derrière lui, au contraire, les semences qu'il a jetées avec tant de courage et de générosité ont donné naissance à de belles, à d'odorantes fleurs qui embaument les voyageurs marchant sur ses pas, et aussi à des mousses épaisses et douces où leurs pieds meurtris se reposent. De plus ces semences ont jeté dans l'air même quelque chose de fort et d'attirant qui encourage à monter, à monter toujours.

Élise aurait voulu d'un grand désir être ce petit pèlerin pour ceux qui l'entouraient ; car elle savait combien sa situation exceptionnelle et douloureuse lui offrait de trésors pour acheter

cette joie Eh ! ne l'était-elle pas réellement pour
tous ceux qui s'essayaient à marcher dans
son sillon ? Oh ! oui, sans doute, qui le sait
mieux que nous !

Pour achever de compléter ce trait, il est
bon de citer les paroles puisées dans les
albums où elle recueillait les meilleurs parfums de ses lectures quotidiennes ; ce sera
continuer à parler d'elle, car l'histoire de ce
que nous aimons, n'est-elle pas la meilleure
histoire de notre propre cœur ?

« Avez-vous jamais vu passer dans le ciel,
« dit Henry Perreyve, au commencement
« l'automne, ces compagnies d'oiseaux qui s'al-
« longent en longues files et suivent jusqu'au
« dernier les mêmes sinuosités ? On dit que
« le plus fort vole en tête parce qu'il fend
« l'air, et que les faibles venant derrière lui
« entrent alors sans peine dans le sillon aérien.
« Oh ! trop faibles que nous sommes pour
« nous frayer seuls le chemin du ciel, sachons
« au moins entrer dans le sillon des Saints ;
« leur vol fort et assuré nous entraînera sur
« leurs traces, et, quand nous les verrons si

« aimables, parce qu'ils étaient si aimants,
« nous avancerons nous-mêmes avec moins
« de crainte, vers ce qui fut le but suprême
« et dernier de leur amour. »

Nous avons dit quelque part, qu'une
des principales raisons de l'influence d'Élise
en amitié, c'était la force, la ténacité de son
espérance ; il en était de même en ce qui concernait son patriotisme, de même encore en
ce qui concernait la religion.

Elle ne désespérait non plus sous ce rapport, ni d'aucune époque, ni d'aucun caractère. Mais si profondément attentive à ce qui
se passait autour d'elle, elle était ardemment
désireuse de voir partager par tous le bonheur que lui donnait son inébranlable foi ; elle
était cependant extrêmement prudente sur ce
chapître, et ne lançait jamais un mot sur ce
point sans qu'on lui donnât prise ; car ainsi
que le Père Lacordaire encore, elle pensait
« que de même que le navigateur doit con-
« naître la position variable de la terre par
« rapport au ciel, quiconque a mission de ré-
« pandre la vérité, doit savoir quel est le pôle que

« l'esprit humain penche vers Dieu, quel est
« celui qu'il en détourne ; quelle est, dans
« cette situation commune, l'inclinaison par-
« ticulière de chaque intelligence. Autrement
« la vérité y tombe à faux et n'y produit
« rien. »

De plus, elle avait un profond respect pour
la liberté individuelle, respect qui ne l'aban-
donnait jamais, même dans ses désirs les plus
pressants. Aussi, peut-être, dans les dernières
années surtout, ne lui est-il pas arrivé une
seule fois, par manque de tact ou de mesure,
de nuire à la cause de la foi dans l'esprit de
ceux qui ne la possédaient pas.. . et c'est
chose rare. « Je ne connais pas de plus char-
« mante donneuse d'avis, » répétait-on plus
d'une fois en la quittant ; d'autres lui disaient
avec un bon rire amical : « Allons, je m'en
« vais, car vous finiriez par me faire penser
« comme vous. »

Pourtant elle trouvait avec Channing que
« le plus grand pouvoir que Dieu donne à
« l'homme, c'est le pouvoir d'agir noblement
« sur l'âme de son frère, de communiquer

« à autrui un esprit divin, d'éveiller en autrui
« une vie céleste qui doit survivre aux
« étoilés. »

Chaque siècle a son abîme, le nôtre semble
vouloir sombrer dans l'indifférence.... Combien cette pensée faisait mal à notre amie et
l'attachait encore à la vertu de charité dans
sa plus royale acception d'amour et de respect
qui seule, elle le comprenait admirablement,
peut ramener les esprits de notre temps. Elle
eût voulu le rappeler à tous ; surtout à ceux
qui s'honorent plus particulièrement du titre
de chrétiens pratiquants ; et quand, parmi ceux-
là, elle entendait des paroles violentes, pha-
risaïques, séparatrices, elle en souffrait cruellement.... elle eût voulu pouvoir leur crier :
« Quels témoins êtes-vous ? songez-vous que
« ce siècle ne peut être attiré que par la mo-
« destie, puisque nous n'avons pas de sainteté
« à lui offrir, et convaincu que par le dévoue-
« ment? »

Nous avons longuement parlé de sa résignation courageuse, de sa charité communicative
et remplie d'expansion ; nous avons parlé de sa

foi précoce et entière, de ses principes religieux
si fermes, nous voulons cependant nous arrêter encore un instant ici.

Élise alliait à un esprit indépendant par
amour du vrai et du juste, comme nous l'avons
vu, une grande facilité à l'obéissance, ce qui
va fort bien ensemble, quoique certaines personnes pensent le contraire. L'indépendance
réelle n'est après tout que la sincérité extérieure d'une conscience libre et heureuse;
alors, elle amène toujours avec elle la droiture
et répudie l'entêtement. Pour les esprits
sincères, point de subtilités, de situations
éludées, mais un consentement loyal et complet
de la volonté à tout ce qu'a accepté la foi,
ou, dans un ordre moins élevé, l'esprit et la
raison.

L'Église n'avait pas de fille plus soumise
que notre amie, dans tout ce qui était dogma-
tique; mais dans ce qui était arbitraire, elle
conservait la noble liberté dont Dieu a fait
à l'homme le don menaçant de responsabilité.
Elle était chrétienne debout, fièrement et avec
joie, mais aussi elle avait horreur de la

moindre servilité de paroles et de tout corol-
laire idolâtrique.

Sa piété avait ce quelque chose de vrai, de
sincère, d'énergique qui rend témoignage autrement que les obséquiosités du langage et les
agenouillements d'une pensée qui n'ose se
regarder en face. L'exagération passionnée ne
finit-elle pas toujours par entamer ce qu'elle
prétendait servir et protéger ?

Dans sa jeunesse, Élise s'était fait remarquer par son assiduité à l'église, le dimanche
et les jours fériés. Il lui semblait si bon, après
le rude labeur de la semaine, de se reposer
dans le temple, d'y prier Dieu, de lui parler,
de n'être plus l'être courbé sans la bienfaisante, mais rude loi du travail quotidien, de
se sentir rappeler, ce jour-là, les espérances de
sa noble origine ; il lui était doux de suivre
avec la compréhension de la foi, les magnifiques prières des hymnes et des psaumes !

Mais, comme on le sait, après sa maladie,
une source de privations bien douloureuses,
les seules auxquelles elle ne put jamais complétement s'habituer, s'ouvrit pour elle : il

fallut renoncer pour toujours à fréquenter l'église.

L'église ! pour ceux mêmes dont la foi est faible et peu raisonnée, l'église n'est-elle pas déjà, aux heures de tristesse et de trouble, un vrai lieu d'asile ? Qui, parmi ceux-là, n'a pas senti l'apaisement provoqué par l'influence bienfaisante qui s'exhale de ces hautes voûtes, de ces ombres silencieuses, de ces vitraux éclatants et sombres à la fois ? Qui, de ceux-là, ne s'est pas senti plus à l'aise, plus libre, plus heureux, plus consolé dans cette maison de tous ? Qui, encore, à la vue du recueillement qui l'entourait, n'a pas éprouvé le besoin de s'agenouiller et de prier à son tour ? Ah ! si cet effet peut être produit sur les quasi indifférents, quel sera donc le genre d'amour porté à nos temples par ceux qui croient avec toute la vigueur de leur intelligence et toute la tendresse de leur cœur ?... « Si j'avais la « foi des catholiques, » disait un jour un pro-testant, « j'irais à la messe sur les genoux ! » Élise, elle, croyait de toute la puissance de son âme ! Aussi dans la seule visite (nous l'avons

racontée) où elle put assister au saint sacrifice,
s'écriait-elle : « Oh ! si je pouvais jouir du
« même bonheur que vous, combien il me
« semble que je deviendrais bonne ! » Oui,
c'était bien véritablement chez son père, chez
son ami, chez son Dieu qu'elle se rendait en
entrant à l'église. Elle laissait alors déborder
son cœur devant lui avec une inaltérable foi
et une confiance sans bornes... et ce vrai foyer
de son âme lui était fermé !.....

Sans doute Dieu vint trouver celle qui ne
pouvait plus aller à lui ! Lorsqu'elle fut installée dans la maison neuve, elle put entendre
sonner à la paroisse, ce qui lui permit de
s'unir plus facilement au prêtre et de le suivre
à l'autel. Quand, le soir, la petite cloche du
salut se faisait entendre, elle se recueillait, et
s'inclinait pour avoir sa part des bénédictions
divines.

Aussi elle aimait les cloches, non-seulement pour la beauté et la piété de leur langage, mais encore parce qu'elles lui servaient
d'intermédiaire avec Dieu lui-même.

Mais, à mesure que les années s'écoulaient,

les privations spirituelles, comme les autres,
devenaient plus nombreuses et plus cruelles;
elles consistèrent bientôt, non-seulement dans
la privation totale des cérémonies religieuses
si chères à son cœur, mais encore dans la
privation fréquente de la communion. Elle
ne pouvait communier qu'au prix des plus
grandes souffrances, la plus petite parcelle de
la sainte hostie ne digérait qu'avec une difficulté excessive.

Ainsi la source vive où elle allait puiser
le courage et la consolation lui était enlevée...
Mais Dieu achevait son œuvre, car notre
amie était arrivée à servir elle-même d'apo-
logie vivante à la foi sérieuse et éclairée :
Retenue sur un lit de douleur, faible parfois
jusqu'au point d'être obligée d'éviter le bruit
d'une parole, courbée sous la souffrance, privée
sous tant de rapports, isolée de ses meilleures affections par la mort ou par l'absence,
malgré tout elle était heureuse !..... Arrêtée
par mille entraves, n'ayant en main aucun
des moyens ordinaires d'influence, pourtant
elle était puissante !..... Et bonheur et puis-

sance ne pouvaient exister qu'en vertu de cette vie surnaturelle qui éclatait en elle avec tant d'expansion.

Ainsi elle était arrivée à simplifier sa vie, sans retrancher, humainement parlant, ni une vraie jouissance, ni une réelle grandeur, ni une force bienfaisante. Elle montait la mystérieuse échelle de Jacob sans que son regard quittât la terre...... Le temps et l'infini se touchaient !

. . . .

. . . .

Que de fois ne vous est-il pas arrivé dans un concert, ou mieux encore dans une de ces fêtes religieuses ou l'harmonie cherche ses meilleures pages et ses meilleures interprètes, de souffrir des bruits confus de la foule qui vous entourait ! ... Bruits qui vous empêchaient de suivre à l'aise la phrase musicale, jusqu'au moment où votre âme, maîtresse enfin de ses perceptions, et dominant les murmures en les transformant, appartenait tout entière à la céleste mélodie et en suivait avec ivresse l'harmonie souve-

raine..... Élise aussi, après une lutte longue
et douloureuse, était arrivée à cette heure
sereine où les accords interrompus et incom-
plets des mélodies humaines, épurés, et par-
venus au diapason divin, s'unissent à la puissante mélodie de l'infini...... Mélodie, tantôt
douce et suave, tantôt majestueuse et vibrante,
mais finissant toujours par la phrase triomphale de l'immortalité !

Immortalité ! C'est dans ton sein que nous
retrouverons notre amie...... Mais pendant
la fin de notre voyage terrestre, nous lui
offrons dans notre souvenir cette humble
immortalité de la terre que donne le cœur...
Nous lui faisons prendre place au banquet
voilé, où, réunis à tous nos morts aimés, nous
partageons ces mystérieuses agapes où le
souvenir et l'espérance font communiquer
le ciel et la terre !

TABLE

---◆◆◆---

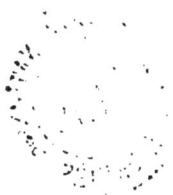

Le Mans. — Typ. Ed. Monnoyer, place des Jacobins.